JN121256

会社が変わる！

生産性が向上する！

ジョブ型人事

西村 聡

とは何か？

労働新聞社

序　文

　人事制度を変えるだけで本当に組織が活性化し、業績が向上するのか？　そういうフレーズをよく目にするが、はっきりいおう、それは嘘だ！

　制度を整えれば多少の不満はなくなるかもしれないが、そんなことで活性化のための動機づけになるはずがありません。制度というのはあって当たり前のもので、動機づけにもなりません。まして、業績の向上なんてとんでもない話です。それは、日本の失われた30年が証明してくれています。

　戦略と職務あるいは課業（タスク）との関連については、近代経営学が一貫して追及してきたことです。市場環境の変化に合わせ戦略を組み立て、これにタスクを適合させなければ業績は上がりません。そして、そのタスクが遂行できるよう人を育てなければ戦略は実現しません。つまり、戦略、仕組みやタスクというハードと人の能力およびマネジメント姿勢というソフトがバランスよくマッチしなければ業績は上がらないのです。

　しかし、日本の多くの企業の実情は職務調査を実施しない能力基準の制度を採用しています。人事制度を見直すにおいても、職務分析すらせず、ネットからダウンロードしそれを多少加工しただけで、相変わらず汎用的なコンピテンシーなどを能力考課とした役割等級制度になっており根底は何も変わっていません。

　そこに、昨今のジョブ型騒動です。欧米の雇用制度と日本の雇用制度を比較し、日本のこれまでのハイブリッド型人事や職務・役割等級人事を「ジョブ型でない！」と批判したところで、学術的な明確な定義がないのだから噛み合うはずがありません。つまり、このような議論にならざるを得ないほど、日本の雇用管理システムは地に落ちているともいえます。そこにこれを嘲笑うかのように、同一労働同一賃金、DE&I、SDGs&ESG、人的資本経営など、次々と対応が迫られています。

　さて、これからの日本の人事管理はどういう方向に進めていくべきでしょうか。この数十年、賃金も上がらなければ、労働生産性も低下させているのに、危機感なく遅々として進まない組織改革。そして、このような社会変化への対応が迫っているのはジョブ型議論も含めて、平等、公正、衡平な扱いです。し

かし、これらに関する政策は欧米の訴訟レベルの足元にも及ばない、まさに人事後進国日本ともいえます。

　本来であれば、身分、性別、階級などを資本主義社会において労使が追及してきた公正なる賃金の歴史的成果である職務給が、日本において多くの企業に既に展開されていても全くおかしい話ではありません。

　ここまできて人事管理の原理・原則を外れ、日本人論を持ち出し誇ったところで、もうそれは議論するまでもなく今の労働生産性が結果なのです。

　確かに職務給に対する多くの誤解もあるでしょう。しかし、「難しいから」「面倒だから」と本質を避けて、形だけを整えただけのいい加減なもので、これからの多様で成熟した社会、そこで働く人々が気づかないはずがありません。ネットの世界が発展するほど、成熟した人間の真実を見抜く能力は養われ、覆ったベールははがされることになるでしょう。

　我々は未来のために、ビジネスで勝って、資産を後世に残し、繋いでいかなければなりません。そのためには、まず原点に戻り、シンプルに考え、人事制度を再構築すべき最後の時機のように思います。

　本書は、理解しづらいとされる職務給について、筆者がこれまで多くの中小企業に導入してきた経験に基づき、職務給の検討、検討準備、構築、導入・運用というそれぞれの段階において、よく議論される内容を出来る限りリアルに表現させていただきました。

　人事制度改定で悩んでいる経営者はもちろん、職務給に抵抗感を抱くビジネスパーソンおよび人事を専門とされる方々の職務給に対する誤解が少しでも解けることを願ってやみません。

　最後になりましたが、本書の出版のためご尽力いただきました（株）労働新聞社出版事業局次長の伊藤正和氏、そして構成にご協力いただいた、いしざきのりこ社会保険労務士事務所代表石﨑憲子先生に対して、心よりお礼申し上げます。

令和 5 年 11 月

西村　聡

目　次

第3章　職務等級制度の具体的な構築方法

第4章　制度構築後の運用上の留意点と変化

X 社概要

　創業 50 年になる某製造会社、従業員 200 名。新型コロナウイルスの影響で業績はさらに向上した。このため、積極的に設備投資を行っており、これに採用が追い付いていない状況である。20 年ほど前に職能資格制度を導入し、これまで数回のマイナーチェンジをしながら現在に至っているが、この過程で10 年ほど前から社長は職務給を気にかけていた。

・X 社でのある日の出来事

　社長が人事部長を社長室に呼ぶ。

人事部長　失礼します。ご用件はなんでしょうか?

社長　同一労働同一賃金とかジョブ型賃金という言葉をよく耳にするんだけど、どのような賃金をいうのか、君分かるか?

人事部長　これまでのように能力に応じて支給される賃金ではなく、職務に対して支給される賃金のことらしいです。パートタイム労働者や派遣労働者の時給が市場価格で決まっているように、正社員も同じように賃金が決められるということではないでしょうか。

社長　それくらいは俺でも知ってるけど。今のうちの状況、人の採用は難しいし、定年退職で幹部が辞められるとたちまち困ったことになる。採用難だからこそではないが、人材の確保という面からも定年延長して何とか人を引き留めようともしてるんだけどな。

　ただ、今は業績が良いから賃金が払えるけど、このペースで賃金を年功で上げていくと賃金原資も大変なことになるようで怖いんだけど。

人事部長　その通りだと思います。社長はやはり、職務給の導入を考えられているんですか?

社長　何が起こるか分からない時代、どんなことがあっても生産性を維持、向上していくしかない。そうしないと賃金を上げることができない。業績が悪くなっても、今の制度では賃金は上がる一方で、どうもおかしい。

　昔から気にはなっていたんだけど、今回ばかりは少し本気で職務給を調査してみてもいいかと思ってる。ちょっと君、頼むわ。

人事部長　それじゃ、職務給に詳しい人事コンサルタントを探してみます。

　…その後、数人のコンサルタントに話を聞くが納得いく回答が得られなかったところに、やっと職務等級制度を構築、導入している人事コンサルタントが見つかる。

　コンサルタントが、そもそも職務給を知らないこと、職務給の知識はあるが（これも怪しい）、構築、指導をしたことがないことなどから、設計のやり方や運用上の注意点やよく起こる誤解を含めたトラブルの回避策などを知るはずもなく、職務給を意識している社長にとっては不満足なものであった。

挨拶・会社が抱える課題を確認する

　人事コンサルタントが会社に到着。会議室に通され、社長との面談が始まる。

社長　今日はわざわざお越しいただきありがとうございます。用件はお聞きしていただいていると思いますが、まず私からお話させていただきます。

　実は、職務給を検討しており、人事部長に指示し、何人かのコンサルタントに話を聞いてもらったのですが、納得できる回答が得られなかったんですよ。うちの今の課題をこれからお伝えするので、それがジョブ型賃金を入れたらどうなるのか教えてください。

　特に、うちのような中小企業の場合、管理者が足らないし、育ってこないので、今の管理者が定年退職するとたちまち困るんです。それに、採用難の中、労働組合とは定年延長の約束をしてしまっている。今の規程だと、退職後は賃金が大幅に減額されたうえで、そのままほぼ同じ仕事をしてもらうことになってしまう。それでは、管理職には申し訳なくて。今後こういう人材が増えるんですよ。

人事コンサルタント　社長が感じておられる御社の課題は、管理者が育たず足りていないため、定年後も同じ管理者としての仕事をさせるが、賃金は大幅に下がることを問題視されているわけですね。名古屋自動車教習所の裁判で基本給のあり方が議論されていますしね。ただ、社長のいわれていることは制度に関するものと、そうでないものとを分けて考えなければならないものがあるようです。

　1つは制度の問題として、定年退職の時期を迎えても、次の管理者が育っていないのは、役職定年や任期制があるにも関わらずそれが運用できていないことであり、もう1つは、制度以前の問題として部下を指導教育する役割が果たせていない職責に対する認識の甘さにあります。

　職務給を導入すれば、制度上、従業員が遂行しなければいけない義務である職責を明確にすることはできます。しかし、そうしたところで、これを認識させ、指導することをトップができなければどんな制度であっても同じ結果です。

社長　厳しいですね。でも、痛いところですが、その通りです。部下を次期管理職として育ててなかったことによって、制度が運用できない状態に陥ってい

たのに、そのまま放置し続けていた私に責任があります。もし、この状況を変えることができるのであれば、職務給を導入したいと考えているところです。

人事コンサルタント　分かりました。それでは職務等級制度や職務給の説明をさせていただきながら、御社の課題に合わせて解決方向を示していきたいと思います。

（お断り）
　本書の事例は、特定の会社を想定したものではありません。

第1章

職務給概要

1．職務給とは

人事コンサルタント　それでは簡単なところから話を始めます。職務給は、「wages based on job evaluation」が語源で、これは「職務評価に基づき支払われる賃金」ということになります。つまり、職務を難易度によって序列化するための価値評価を実施することが前提ということです。

　ただ、この職務評価をするためには、職務の内容をよく理解しておく必要があります。それが、職務分析です。職務分析を行い、職務設計をするからこそ、職務内容が明確になり、職務評価もできることになります。

　現在、「これは職務給です」といっている役割等級制度の多くが、職務分析もせず、汎用的な基準書（記述書）を web サイトでダウンロードするなどして活用し、制度が設計されているわけですから。現場の課題や業務に目も向けず、これをもって職務給というのは子どもだましもはなはだしく、先人たちが研究してきた理論を歪めているとしかいいようがありません。

　職務分析、職務設計、職務評価という用語については後ほど解説をさせていただきますが、職務評価による職務の価値に応じて支給される賃金であることを理解するべきです。

人事部長　ということは、まだよく分かりませんが、少なくとも職務の価値によって賃金が違うということですね。

人事コンサルタント　その通りです。職能資格制度は人の保有する職務遂行能力の序列化で、この能力の価値で賃金が決められています。それが職能給なのですが、不思議とこのように思っている方が少ないのです。もう 1 つ重要なことは、能力の序列ではあるけれども、職能資格制度では、部門別、職種別に仕事（課業）を洗い出し、これに必要な能力を明らかにし、職務編成および設計をして職能等級と職務を連動させることが原則となっているのですが、職務調査をしていないのですから、職務編成もできずかなりいい加減なものです。過去に職能資格制度は同一労働同一賃金が実現できているといわれた研究者がいましたが、それは、能力と職務が本当に一致しているのであれば、職能給でも実現できることになりますが、現状の多くの職能資格制度の構築方法では全く非合理としかいいようがありません。

人事部長　正直、当社も過去に職務調査はしていましたが、現在はほぼ年功運用に流れてしまっています。結果、難しい作業を担当している中堅若手社員の人事考課結果やこれに伴う昇給への不満として出てきています。やっぱり、中高年者が簡単な作業をして評価が高いという矛盾が生じ、不満につながるということですね。

人事コンサルタント　そうです。それだけでなく、管理・監督者の能力への不満、そして、評価への不信感にもつながりますね。業績が低迷している会社は特にあります。やはり、制度に関する理論および手順は尊重すべきですね。

2．職務給への不安

人事コンサルタント　さて、申し上げたように、職務給を導入した会社は、職務分析、職務基準書を作成する過程で、従業員に職務に対する責任感が生まれます。特に、管理・監督職に効果的です。これはまた詳しく述べます。

　しかし、職務の異動によって賃金が変動するのは確かです。異動によって担う職務の価値が変われば、の話ですが。

社長　職務分析ですか…。時間がかかるんでしょうね。皆、忙しくしていて時間がとれるかな。それに、やはり職務の異動で賃金が変動するんですね。そうなると、人事異動がしにくくなりますね。

人事部長　それは困ります。賃金に安定性がなくなり、退職者が出てきても困ります。そんな噂で中途採用や新卒者の採用もしにくくなりそうです。本当に社長、職務給を考えられているのですか？

社長　ここで変更しなければ、また10年これまでと同じことを繰り返すことになる。それだけは避けたい。では、取り組む前にじっくり職務給の話を聞かせていただければと思います。よろしくお願いします。

人事コンサルタント　はい。お二人の不安は、①職務給導入には時間がかかる、②人事異動がしにくくなる、③賃金の安定性がなくなる、と漠然とイメージされていることですね。職務給については誤解も多く、詳しく解説させていただきます。

3．人事制度の原理原則を、人事制度の構築・導入で実現する

人事コンサルタント　まず、職務給がいかに合理的な制度であるのかを、人事管理の原理原則からお話をしたいと思います。人事管理たらしめる根本的な考え（道理）は、企業の目的を達成するために合理的に人材を活用することです。では、これを実現するためにどのような決まり（原則）が必要だと思いますか？

人事部長　難しいですが、やはり、「企業は人なり」という言葉があるように、人が大切です。そのために我々は一生懸命、従業員を能力開発させています。そして、公平に、公正に従業員を扱うように努力しています。また、さらに頑張ってもらえるように、今回のお話ではないですが、評価やそして賃金で報いようと努力しています。これが難しいのですが、人事部門としては必死でやっているつもりです。

人事コンサルタント　いや、素晴らしいご回答です。ほぼ正解です。原則といわれるものには5つありますので、整理したものをお配りします。

（1）人間重視の原則	
①経営資本としての人間重視	企業における人的資本計画・開発としての職能化が促進されていること
②人間的存在としての人間重視	従業員の自発性および主体性を尊重することを動機づけの基本とし、職務自体の変革と職務再設計が提案されること
（2）内外的整合性の原則	
①外的整合性の原則	競争優位性を確保するための人事諸制度（等級制度・賃金制度・人事考課制度・能力開発制度など）の1つひとつが、競争戦略に沿って相互に関連し成立していること
②内的整合性の原則	人事諸制度が企業内のさまざまな制度・施策と相互に関連し成立していること
③誘導性の原則	人事諸制度によって、企業が従業員を期待する方向・レベル（戦略的目的に連動した職責・成果および職務遂行能力）に導くことで、持続可能な競争優位性を確保していること

> **(3)　組織的公正の原則**
>
> 人事管理や制度は、各従業員に対して納得性と公平感を与えられるよう、公正に構築され、公正に運用する条件を備えているとともに、実際に公正に運用されていること
> このため、合目的的、合理的、かつ科学的に人事管理に関する制度（基準・規程・要綱・施策など）が確立され、予め従業員に対し公開され、かつ周知されていること
>
> **(4)　相互信頼の原則**
>
> 企業と従業員、従業員同士の相互の信頼関係を構築するために、互いの立場を尊重し、信頼し合い、認め合い、誠意を尽くして自らの役割を果たせるような制度になっていること
>
> **(5)　インセンティブ（刺激性）の原則**
>
> 上記の原則を強化し、支える制度として従業員に与えられる報酬（内的報酬と外的報酬）が、設計・運用されていること
> 内的報酬：能力、責任、影響力、個人的成長、意味ある貢献など
> 外的報酬：昇進、給料、特別手当、厚生制度、賞与、株式取得権など

　しかし、多くの企業において人事制度はあるものの、最も重要である基準の確立が不明確なことが散見されます。この理由は、そもそも客観性の乏しい能力を基準にしているからです。たとえそれによって人の能力を正しく評価できたとしても、企業が職務調査や職務編成・設計をしていないことから職務遂行能力（潜在能力を含む保有能力）と職務が連動せず、賃金も年功化しているのですから公正性が乏しくなるのは当然のことです。

人事部長　なるほど5つの原則ですか。では、その公正性を高めるためにはどう取り組めばいいのですか？

人事コンサルタント　はい。この公正性（組織的公正）は、従業員が組織に公正に扱われていると感じていることをいい、分配的公正と手続き的公正の2つの概念があります。

　まず、分配的公正は、組織から与えられる待遇や賃金をどの程度適切と感じることができるかという結果志向の公正性をいいます。つまり、人事考課結果が仕事の出来栄えに対応していると思うこと自体が従業員にとって重要な報酬としての価値をもつことで、分配的公正を知覚するとされています。

人事部長　つまり、「こんなに働いているのに、賃金、昇給はこれだけか!?」という話ですね。

人事コンサルタント　その通りです。次に、手続き的公正は、評価や処遇を決める手続きに関して知覚された公正性をいい、従業員が、「結果を生み出す社内の規則、基準や手続きに対してどの程度信頼できると感じているか」ということをいいます。

人事部長　従業員の人事考課結果への不満、ひどい場合は諦めている感じがするのは、この手続き的公正に納得できていない…ということですね。

人事コンサルタント　その通りです。このため、どうするのが良いかですが、人事考課手続きの問題、特に人事評価プロセスへの参加が重要となります。

　なお、分配的公正を達成するためには、手続きの公正あるいは対人関係の要件（中立性、信頼、地位）における公正を重視されるため、人事考課における、より正確に評価するという手続き的、技術的な側面に注目しがちなのですが、組織的公正の高さを知覚させるためには、組織運営の前提となる経営理念や戦略に基づいて職務を設計し、職務の執務基準を明示したうえで、組織横断的に評価基準に落とし込むことが求められます。

人事部長　これまでの人事制度は、社長と一部の管理職で作ってきましたが、それでは難しいということですね。

人事コンサルタント　その通りです。特に、今回の職務等級制度に関しては、間違いなくそういえます。ゆえに、私が長年やってきた、「プロセス展開表」による職務分析手法を活用した職務等級人事制度の構築、運用が、この分配的公正を確保できるための手段として極めて有効となると考えて、進めています。

　これに関しては、職務分析の説明のところで後ほど詳しく説明します。

社長　ただ、理解はできるけど、人事制度を構築するのにそこまでやる必要があるのかなあ。以前は、職務分析のようなものなんて、してこなかったしな…。

人事部長　そうですね。職務調査程度なら過去に一度だけ…。

4．現場にあるマニュアルを活かせばいい

人事コンサルタント　過去に職務調査をしているだけでも素晴らしいと思います。そして、職務分析ですが、御社はきっと現場ではされていますよ。これを日本の人事部門が活かせていないだけです。

人事部長　えっ。何のことでしょう？

プロセス展開表（資材課倉庫G）

	部署	資材課　倉庫グループ		作成者			

業務（単位業務）	A	B	C	D	E	F	G	H
単位業・A4:P86務	部材の入庫	受入検査	部材の出庫	欠品連絡	棚卸	不流通品処理	廃却処理	部材置場管理（改善）
課業レベル	中級	初級	中級	中級	中級	上級	中級	上級
成果指標	入庫ミス件数	検査漏れ件数	出庫ミス件数 出庫遅れ件数	連絡漏れ件数	棚卸ミス件数	処理ミス・処理漏れ件数	処理ミス・処理漏れ件数	出庫時間 保管状態による仕損件数
業務リスク	入庫ミス	検査漏れ	出庫漏れ・出庫遅れ	連絡漏れ	棚卸ミス	処理ミス・処理漏れ	処理ミス・処理漏れ	保管状態による保管物への仕損

1　作業の流れ他

	A	B	C	D	E	F	G	H
	本日入庫の部材リストを打ち出し、その内容を確認する（特に、緊急納品の場合、その納品指定時間）	受入検査部へ重要保安部材の受入検査を依頼する	出庫指示ミーティングで部材出庫指示を確認する	欠品部材の品名・数量 生産予定日などを確認する	半期ごと期末に不流通を確認する（システム上半年以上入出庫しない部材）	半期前の死蔵品データ 部材使用可能品を確認する	廃却保管状態、部材置場レイアウトなどの問題点を発見する	出庫時間 保管状態作業による仕損件数

機能内容（P・D・C・A）

	A	B	C	D	E	F	G	H
インプット	(当日)部材入庫リスト 納期回答書	重要保安部材	日程表・生産進捗表	ピッキングリスト	実地棚卸計画書	不流通在庫データ	半期前死蔵品データ	保管状態・レイアウト
アウトプット		受入検査依頼書	部材出庫指示書	欠品部材情報	確認済実地棚卸計画書	確認済不流通品在庫	確認済半期前死蔵品	問題点
関連プロセス		品質保証部	生産管理・製造部					
KPI（先行指標）	納期確認漏れ件数	検査依頼漏れ件数	展開漏れ件数	確認漏れ件数	確認漏れ件数	確認漏れ件数	問題発見件数	
遂行上のリスク	緊急手配入庫材の漏れ	検査依頼漏れ	展開漏れ	確認漏れ	確認漏れ	確認漏れ	問題点に気づかない	
能力・知識	判断力	理解力	展開力	判断力	理解力	理解力	企画力	
等級レベル	中級	初級	中級	中級	中級	中級	中級	

2

	A	B	C	D	E	F	G	H
	ベンダーから納品された部材の現品と納品伝票を照合し検収する	品質保証部より検査結果を受けとる	部材出庫指示を資材倉庫用ピッキングリストに展開する	資材課購買Gへ欠品部材の情報を連絡する（購買Gがベンダーへの納期確認督促をする）	流通品、死蔵品、棚卸除外品（預り品）の区分けをする	不流通の原因調査をする	使用可能の調査をして廃却品リストを作成する	グループミーティングで管理状態及び置場レイアウトの改善案を作成する

機能内容（P・D・C・A）

	A	B	C	D	E	F	G	H
インプット	納品伝票・部材	部材入庫指示書・製造予定表	部材出庫指示書・製造予定表	欠品部材情報	実棚原票	確認済不流通品在庫	確認済半期前死蔵品	確認済保管状態・レイアウト
アウトプット	検収済み部材	検査結果	ピッキングリスト	区分け	区分け	原因調査結果	廃却品リスト	改善案
関連プロセス			資材倉庫購買G	資材課購買G		営業・技術・経理		
KPI（先行指標）	納期確認漏れ件数	受取漏れ件数	展開漏れ件数	連絡漏れ件数	区分け間違い件数	調査漏れ	調査漏れ件数	改善提案件数
遂行上のリスク	検収間違い・検収漏れ	受取漏れ	展開ミス	連絡漏れ	区分け間違い	調査漏れ	調査漏れ	よい改善案が出ない
能力・知識	理解力	理解力	判断力	交渉力	理解力	判断・決断力	判断力	企画力
等級レベル	初級	初級	中級	中級	初級	上級	中級	上級

3

	A	B	C	D	E	F	G	H
	納品伝票を受領し、受領印を押印して、「物品受領書」をベンダーに渡す	分類別部材置場へ部材を移動する	ピッキングリストに基づき部材を出庫する（先入れ先出し）※欠品部材が見つかった場合はD-1へ	資材課購買Gからベンダーの納品回答連絡書を受け取る	緊急入荷品の物流移す手配もする・生産必要部材・海外輸入部材	不流通品に基づき振替処理をする	使用不可死蔵品の廃却申請をする	部門内で改善案を提出し承認を得る

機能内容（P・D・C・A）

	A	B	C	D	E	F	G	H
インプット	納品伝票	入庫部材	ピッキングリスト	納品回答依頼書	緊急入荷品	原因調査結果	廃却品リスト	改善案
アウトプット	物品受領書	置場移動済み部材	出庫済みピックリスト	物流許可申請書	物流許可申請書	振替伝票	廃却品申請書	承認済み改善案
関連プロセス			資材倉庫購買G			経理	経理	
KPI（先行指標）	入庫日付間違え件数	置場間違い件数	出庫ミス件数	検収漏れ・申請漏れ	申請漏れ件数	振替漏れ件数	申請漏れ件数	改善提案件数
遂行上のリスク	受領の検収日付間違え	置場間違い	展開ミス	受取漏れ	受取漏れ	振替処理漏れ	申請漏れ	承認が得られない
能力・知識	理解力	理解力	理解力	判断力	判断力	判断・決断力	理解力	交渉力
等級レベル	初級	初級	中級	中級	中級	上級	初級	上級

4

	A	B	C	D	E	F	G	H
	納品伝票処理をする（システムに入庫データを入力し、在庫計上する）		システムに出庫データを入力し、システム上の在庫移動処理をする		実地棚卸をする（在庫品員数確認）	申請承認を受け不蔵品の死蔵品申請をする	申請承認を受けシステムに廃却品処理入力をする	改善案を実施し各ベンダーへ改善への協力依頼をする

機能内容（P・D・C・A）

	A	B	C	D	E	F	G	H
インプット	納品伝票		出庫済みピックリスト		実棚原票	原因調査結果	承認済廃却申請書	承認済み改善案
アウトプット	入力済み入庫データ		入力済み出庫データ		棚卸票	死蔵品申請書	廃却品処理入力	協力依頼書
関連プロセス						経理	経理	
KPI（先行指標）	入力ミス・処理漏れ件数		入力ミス・処理漏れ件数		棚卸漏れ件数	申請漏れ件数	入力ミス・処理漏れ件数	協力依頼件数
遂行上のリスク	入力ミス・処理漏れ		入力ミス・処理漏れ		記入漏れ・計上漏れ	申請漏れ	入力ミス・処理漏れ	協力が得られない
能力・知識	理解力		理解力		理解力	判断力	理解力	交渉・折衝力
等級レベル	初級		初級		初級	上級	初級	中級／上級

5

	A	B	C	D	E	F	G	H
	分類別部材置場へ部材を移動する ※重要保安部材の場合はB-1へ		不流通在庫を出庫する場合は、品質保証部へ再評価を依頼する		棚卸結果を集計し実棚原票に記入する	申請承認を受けシステムに死蔵品処理入力をする	廃却業者へ廃却処理を依頼する	

機能内容（P・D・C・A）

	A	B	C	D	E	F	G	H
インプット	入庫部材		不流通在庫		実棚原票	原因調査結果	承認済廃却申請書	承認済み改善案
アウトプット	置場移動済み部材		長期保管評価依頼書		実棚原票	死蔵品申請書	廃却処理入力	協力依頼書
関連プロセス			品質保証部			経理		
KPI（先行指標）	置場間違い件数		依頼漏れ件数		記入ミス件数	入力ミス・処理漏れ件数	依頼漏れ件数	
遂行上のリスク	置場間違い		依頼漏れ		記入ミス	入力ミス・処理漏れ	依頼漏れ	
能力・知識	理解力		理解力・規律性		理解力	理解力	理解力	
等級レベル	初級		初級		初級	上級	初級	

6

	A	B	C	D	E	F	G	H
	緊急手配部材の指定納品なければ購買課および生産管理課に報告				棚卸差異申請書を作成し経理へ回す	死蔵品置場へ移動する		

機能内容（P・D・C・A）

	A	B	C	D	E	F	G	H
インプット	(当日)部材入庫リスト				棚卸差異	死蔵品		
アウトプット					棚卸処理申請書	置場移動済み死蔵品		
関連プロセス	資材課購買G／生産管理課				経理			
KPI（先行指標）	報告遅れ件数、報告漏れ件数				申請漏れ件数	置場間違い件数		
遂行上のリスク					差異漏れ	置場間違い		
能力・知識	理解力				理解力	理解力		
等級レベル	初級				初級	初級		

人事コンサルタント　御社ほどの規模になれば、現場には作業標準書やワンポイントアドバイス（作業要領指導書）などの教育資料があると思います。場合によっては、動画を撮り、標準時間も設定し、これを用いて新人教育訓練をされていませんか？

社長　過去に標準時間は設定し、作業標準書を作成したことは確かにあります。今は、やってるのかな？　でも、ISO の更新審査で作業手順書は常に改訂しているよな。

人事部長　私は詳しくは分かりませんが、おそらく……。

人事コンサルタント　そう、それです。おそらく、現場では流れ作業をするために、作業を分析し、10 分で 1 ロットなんだから、10 分で流れるように作業分担をさせると同時に、難易度の高い作業があればそれはどこで、どれくらいの熟練度や知識、判断力が必要なのかを考慮し、その作業は熟練者を配置するなどできているはずです。そうでなければ、安定した製品はできません。

社長　いわれてみれば、その通りです。でも、それと人事がどう結びつくのですか？

人事コンサルタント　現場にある作業標準書を活用すれば、この作業にどの程度のスキル、知識が必要なのか分かります。これを職務基準書に整理すればいいだけです。教育訓練した結果、その職務に配置しているわけですから、標準時間でできるかどうかを業績として評価するだけの話です。

　ただ、問題なのは、ホワイトカラー（間接部門）に、現場のように常に改訂されているような作業標準が部門としてあるかどうかです。

人事部長　うーん。ある部署と無い部署があるでしょうね。

人事コンサルタント　日本では「マニュアルを作ると、応用が利かない人間になる」と嫌がる会社が多いのですが、相当に認識を間違えています。マニュアルはノウハウの宝庫であり、最終的な判断を誤らせないものに作成するのです。一連の作業における留意点、必要な情報、判断するまでの順序（手順）などが明らかにしているもので、判断の精度を高めるものです。

人事部長　なんとなく、分かります。中堅以下の社員にはそうかもしれませんが、企画書など創造性が必要な業務は難しいのではないでしょうか？

人事コンサルタント　大体、皆さんそう反応されます。「すべての業務に適応できない。だから、マニュアルは必要ない」といいたいのですか？

人事部長　いや…、そんなことは。

人事コンサルタント　まずはマニュアルを作成し、マニュアルを有効活用し、メリット、デメリットを感じていただきたい。少なくとも現場は、御社でもそうしているわけですから、ホワイトカラーには創造性が必要だから無理では言い訳にはなりませんね。

　そもそも、ホワイトカラーといってもこの中には、マニュアルワーカー（単純作業労働者）とナレッジワーカー（知識労働者）がいます。マニュアルワーカーはマニュアルで作業できますが、ナレッジワーカーはそうではないと思われています。随分昔の言葉ですが、「暗黙知から形式知に」という言葉を聞いたことはありませんか？

社長・人事部長　聞いたことがあります。

人事コンサルタント　一世風靡しましたからね。

　これは例えば、優秀な営業マン、開発者が、どのようなことを考え、行動しているのかを分析し、主観的な知識を文章や図を活用して言語化、個人がもつ経験にもとづく知識や営業手法などをマニュアル化することができます。なぜその人はそう考えたのか、なぜそう考えることができ、なぜ行動に移せたのか？

　これを真剣に検討しているかどうかだけの話です。すべてが表出化できるとは話していません、しかし、どのような職務にも経験、熟練度は必要ですが、しょせん、我々は同じようなことを考えて生きている人間なんですから、発明のようなことはなく、分析すれば気づきはたくさん出てきますし、マニュアル化も可能です。また、これをすることが本来の管理職の役割です。

社長　話としては何となく分かりましたが、どうすればいいのですか？

人事コンサルタント　後ほど詳しく説明しますが、私が開発したプロセス展開表を活用した職務分析は、社員個々に分散している多くのノウハウを共有化できますし、新たなやり方の開発もできます。プロセス展開表を作成していく議論の中で、そもそも「そのやり方をできるとなると、相当な知識や交渉力が求められるとか、企画力が必要になるなあ」という話が出る中で、その作業の難易度も洗い出すことができます。

人事部長　相当に時間がかかりませんか？

人事コンサルタント　当然、かかります。これはよく勘違いされるのですが、人事制度を改訂すれば業績が上がると思っている方が多いのですが、業績の向

上は制度云々ではなく、制度（基準書など）によって規定された職務行動を遂行するからであり、制度を入れたところで職務行動が規定もされず、今までどおりの行動を従業員がとるのであれば業績は良くなりません。つまり、人事制度を構築しても業績が向上する前提にないどころか、組織として重要な職務構造とその中の職務内容が定義できていないのですから、時間がかかって当たり前の話です。簡単に制度を構築して、会社が良くなるなんて、そんな魔法の杖のようなものはこの世の中にはありませんよ。

人事部長　人事制度の再構築が大事（おおごと）になるとは思いませんでした。

人事コンサルタント　いえいえ、ベースを1回構築すれば、経営計画に合わせて、業務プロセスや職務内容を変更したり、職務を再編成あるいは再設計すればいいだけで、実際、毎年変更するのか⁉　と拒絶反応を起こす方もいますが、考えてみてください、目標管理に毎年新しいことをどれだけの社員が目標やその実行計画を書いて提出しますか？　逆にいうと、その程度変わるだけの話で、目くじら立てて「だから職務基準は面倒で運用しにくいんだ！」といわれるほどのものにはならないということを理解しておいてください。

　人材を雇用するためのベースになかったものを構築するのですから、始めは時間が必要なのは当然のことです。これまで手を抜いてできてきたけど、ゆえに従業員から人事制度に対する不満が出ても対応できなかったことを考えると、会社を変革する良い取り組みになると思います。

5．職能給と職務給の違い

(1) そもそも見えない能力で管理は難しい

人事コンサルタント　ここで少し、職能給と職務給の相違点について整理しておきましょう。

社長　よろしくお願いします。

人事コンサルタント　大きく違うのは、職能給は人間の保有する職務遂行能力の価値の序列で賃金が支払われ、職務給は仕事の価値の序列で賃金が支払われることです。しかし、人間の能力はどれだけ科学が進歩したところで正確に把

握できることはありません。能力の客観性、明確性、つまり確実性の問題は常に問題視されてきており、むしろ、能力は"賃金格差を正当化させるためにできた社会装置"ともいわれています。

社長　全くその通りです。うちは採用面接でアセスメントを行っていますが、以前に活用してきたものがどうも違うということで、他に 2、3 のアセスメントツールを併用するようになったのですが、結果はバラバラなんですよね。同じ時にやってもツールによって違うということは、正確には把握できないということなんですよね。

人事コンサルタント　その通りです。ドラッカーは人間の潜在能力の測定について「科学的だといえばいうほど怪しい」とまで述べています。人は場面場面で発揮する能力が異なります。上司がある一面しか見られていないような場合は当たり前のように起こるのです。また、人はそれぞれの価値観というフィルターで人を見ますから、全く違う能力評価をします。それゆえ、一時流行ったコンピテンシーは 1990 年代にアメリカでは神学論争とまで揶揄されました。

社長　そうなんですか…。うち、人事考課でコンピテンシーって考課項目に入れてしまっています。

人事コンサルタント　そういう会社はかなりあります。「社長これからは、職務遂行能力ではなく、行動特性で評価する時代ですよ！」なんて吹聴されてね。

　それで、具体的な行動にもなっていない行動で評価表を書いてみて、その結果はどうでしたか？

社長　いやー、何も変わらないですよ。いくら能力評価しても、結果とつながってないじゃんということになり、それゆえに、うちの人事考課は、成績評価や目標管理という結果系の考課項目のウエイト重視となってきてるわけです。

人事コンサルタント　そうでしょ。

　以前よりは表現が具体的にはなったというだけで、会社の業績に結びつく具体的な行動を示したものではないからです。それに、コンピテンシーは各機関で作成された汎用的アセスメントツールというだけですから。

社長 結局のところは能力を見ようとしても、人間は正直分からないということなんでしょうね。上司が変わって急に伸びる人間も出てきますからね。彼なんてそうですよ。

人事部長 いやいや。上司と価値観が合うだけでも楽になり、行動に移せるようになっただけですよ。そういう人間もかなりの確率でいるかもしれませんね。では、先生、どうすればいいのですか？ 職務給は評価の問題を解決できるんですか？

人事コンサルタント できますとも。汎用的なコンピテンシーは個人の組織への適合性を判断するための特性であり、職務につながる要件ではありません。職務要件は、職務分析を実施し、職務遂行に必要な具体的な行動とそのレベルを明らかにすればいいことです。利益が出ている会社は最低限していることです。

人事部長 職務分析か…。最近、よく耳にするようになってきました。

人事コンサルタント 職務分析については、また後ほど詳しく説明するとして、見えない能力を評価することは、これで賃金の差をつけるのですから、差別にもつながり非常に危険なことです。人間は神様から平等に能力を与えられているのかもしれませんが、個々に違うことは分かっているはずです。血を分けた双子であっても違います。そもそも人の価値（能力）で、甲乙、序列をつけられるとしたら神ですよ。だからこそ、差別ができるだけ生じないようにと職務給があるのです。海外では文句なしに訴訟で負けです。

(2) 年齢＝経験年数＝能力（習熟度）では必ずしもない

人事コンサルタント あと、見えない能力の序列はどうしても勤続年数や年齢に引きずられてしまいます。これは必然だと思います。しかし、勤続年数が長いからといって、必ずしも習熟し、難しい仕事をしてくれるようになるかというとそうではありません。

人事部長 その通りです。ただ、うちの場合、成長している会社で中途採用者が多く、即戦力でもありますから、そこは公正に人事考課をする必要があると考えています。だから、社長はこのことも含め、職務給の検討が必要と考えられているんだと思います。

社長　仕事ができる能力の高い中途採用者を、年功で潰されても困るからな。

人事部長　あと、今は当社はまだ成長しているので大きな問題ではないのですが、年功賃金ではこの付近の企業の集まりでも話によく出るんですけど、「業績も上がらないのに賃金は毎年上がるのでもう賃金原資が持たない」と。

社長　そうだよね。うちもこの先に不安がないわけではないからな。

人事コンサルタント　これはアメリカでの出来事なのですが、スキル（習熟技能）やコンピテンシーのレベルに応じて昇給をすることにした企業が、数年でこれを止めたという事例が多くあります。原資が持たなかったのです。当然です。やはり、職務に応じて払う賃金が、経営面から正当ということなんだと思います。

(3) 職務給への変更で上位職務は賃金が今よりも上がる？

社長　しかし、うちもその内、今以上に高齢化が進めば、今の年功賃金は、余程の付加価値商品を開発しないと、このインフレ、賃上げの状況では労務倒産してしまうぞ。

人事コンサルタント　まあ、精度が求められるような難しい仕事ができるような人材が増えればそれなりに高付加価値商品も作れるでしょうけど、それがどの程度の市場規模になるかは、競争もあり予測は難しいですからね。

社長　精度が必要な難しい仕事ができるような人材が増えているならいいですけど、私がいっているのは今でさえ低いレベルの仕事をしているのに賃金ばかりが右肩上がりになっていることで、人件費の増加が加速化してしまうような気がして怖いということです。

人事コンサルタント　社長の不安を解消できるのも、定年延長あるいは定年再雇用を含めて、人数が多い中高年者に対し、仕事に応じた適正な賃金を、頑張って難しい仕事をしている少ない若手社員にも同じく仕事に応じた適正な賃金を支払うこと、これは同一労働同一賃金に従っているだけですが、膨れ上がった管理専門職層のポストや余計なポジションが整理でき、結果として人件費も適正なものになることはこれからを考えても間違いありません。ただし、当然、労働組合、社員の合意は必要です。

人事部長　そうですね。労働組合、社員の合意ですよね。既得権ばかり主張し

てくるので、そこが難しいところです。でも、結果として、彼らが「俺たちが勝ち取ってきた賃金だ」というわりに、若い労働組合員の賃金を抑えている実態を分かっていないような気がします。

人事コンサルタント　そうともいえるでしょうね。ただ、彼らも若い時には賃金を抑えられてきたという苦い経験がありますからね。ただ、経済成長を知らない世代からすると、気の毒でもあります。時代というのはどこを切っても幸か不幸はあるわけで、やはり賃金において不公平感が出てこないようにするためにも、時価ともいえる職務給への移行は重要だと思います。

社長　そうですね。年齢ではなく、やはり本来、仕事で評価することですねよ。やはり、その意味でも職務給を深く知りたくなりました。

6. 職務給の誤解を解く

（1）職務給の誤解はどこから来るのか

人事部長　でも、「職務給」と聞くだけで、ほんと抵抗感しかないですよね。ここ数年前から、「ジョブ型 vs メンバーシップ型」など流行っていますが、色々な本を読んでもよく分かりません。職務給はジョブ型だと思いますが、そうなると解雇できることが前提になるのではないのですか？

人事コンサルタント：「ジョブ型」の議論は元々、2000 年頃、①能力があるのに「メンバーシップ型雇用」に縛られている正社員や、逆に、組織で能力が発揮できていない正社員を主たる対象として「ジョブ型正社員」を導入してはどうかという問題提起に始まり、②非正規雇用労働者の無限定化と正社員の限定化を背景に、限定正社員を採用、公募し、仕事がなくなればアメリカのように日本企業で本当に整理解雇できるのか？　という議論があります。

人事部長　実際、近隣企業の人事責任者が、「うちは最近、非正規社員が職場異動しているけど、正社員が異動なくむしろ限定化している」と聞きました。

人事コンサルタント　そうです。結構多いですよ。まあ、職務の価値としては当然、同程度での職場異動とは思いますが、非正規／正規という身分から、限定／無限定の雇用区分になっていっているようです。だからこそ今後、雇用契約の条件やその中でも同一職務（価値）かどうかということが賃金との関係で

重要になってくるのです。

人事部長　会社の人事権も変わってきますね。

人事コンサルタント　そうならざるを得ないでしょうね。ただ、日本経済団体連合会がいう「ジョブ型」は今のところ、当該職務・仕事の遂行に必要な知識や能力を有する社員を配置・異動して活躍してもらう専門業務型・プロフェッショナル型に近い雇用区分を想定しているだけで、欧米のジョブ型雇用とはいっていません。また、高度専門業務・プロフェッショナル型を対象にしているものの、今のところ「特定の仕事・業務が不要になった場合に、雇用自体がなくなるものではない」としています。

人事部長　なるほど。まだまだ全従業員をジョブ型というわけではないのですね。

人事コンサルタント　そりゃ、一気には無理ですよ（笑）。でも、それだけの心配事になってしまっているんですよね。

　私からすると、アメリカの雇用制度を前提に今の「ジョブ型」といわれる日本の人事制度をいくら批判したところで、そもそも職能資格制度を含むこれまでの日本の人事管理自体も不合理どころか非合理ともいえるような制度なのですから、むしろあるべき姿にどう変革していくかという議論を積み上げていくことの方が大事だと私は思っています。

人事部長　なるほど。見えない能力で序列化し、差別的だということですね…。

人事コンサルタント　そうです。そもそも戦後直後から今に至るまで、GHQ、世界労連そして未だに ILO からも差別的賃金と指摘され続けていることの方が大問題です。このような歴史の中で、実際に職務分析を行い、職務給を導入してきている日本企業も少なからず存在している、彼らの狙いと努力にもっと敬意を示すべきと思います。

人事部長　確かに、人事労務専門誌などで見ますけど、職務等級制度を導入している大企業はありますね。しかも、ジョブ型制度といっています。

人事コンサルタント　経団連のいうジョブ型雇用とは違いますね。もうこれは日本型の職務を重視あるいは基準とした人事制度と解釈した方がよく、これらを含め「ジョブ型人事」と特徴付けた呼び名になった感じです。

人事部長　そう理解した方が整理できますね。ただ、中小企業ではあまり聞いたことがないですけど。

人事コンサルタント　それは、本当にその通りです。しかし、採用について考えてみてください。ジョブ型はスキルを持つ即戦力採用で、スキルのない新卒者を一律採用することはないといわれますが、多くの中小企業は、新卒採用が難しいため、中途採用者が多いのが現実です。少子化の中、今後さらにそうならざるを得ません。そのうえ、中途採用者には、これまでのキャリアを自覚し、これを活かそうとする者が多いことを考えると、実際には職務給が適しており、中小企業を「うちの社員は皆家族みたいなものだ」に言い表される"原初的メンバーシップ型"などと家族の形には色々あるのに、一方的に決めつけるのは大変失礼で配慮を欠いた話だと思います。

人事部長　中途採用者にも色々なパターンはありますが、即戦力であり、当然、新卒者よりも会社や仕事を見る目を持って探っていますね。

人事コンサルタント　そういう意味では、ジョブ型の環境にあるのに、会社側がそれを活かせていないだけなのかもしれませんよ。まあ、人によっては「家族的な、温かい会社かどうか」に注目しているかもしれませんが、家族的で、温かい会社で業績が良い会社こそよく従業員が働いているのも確かで、そういう会社は本当に驚くほど仕組みもしっかりしています。つまり、家族的かどうか、温かいかどうかと利益を出せる仕組みを区別せず、そこに雇用制度を絡ませる議論はいかがなものかと思います。逆をいうと、アメリカのようなジョブ型の社会にも家族的な経営をしている中小企業は当然あるのですから、一方的で本当に困った議論なんですよ。賃金は、労働の対価であり、家族のあり方で決まるものではありません。

社長　それをいうと、うちは、うちというのも家族的になりますかね（笑）。家族主義といってもそれぞれですからね。「親が子を思うほど子は親を思わない」が世の常ですよ。そうではない立派な企業も当然ありますが。

人事コンサルタント　その通りと思います。

　あと、採用に関してもう１つ。職務給導入には、職務分析を実施します。

　職務分析に関しては後ほど詳しくお話しますが、この分析をしておけば、作業標準書（マニュアル）ができることになります。つまり、これがあれば、教育が丁寧になり早期戦力化が可能となりますので非常に便利です。

(2) ポスト、ポジションが空かないと昇進、昇級できない!? という誤解

人事部長 ジョブ型は、定員制のため、ポスト、ポジションが空かないと昇進できないと聞きます。これまでこれらがなくても職能等級を上げてきたので困ります。

人事コンサルタント はい。それでは「ポスト、ポジションが空かないと昇進できない」で何が困るんでしょうか？

さて、話を戻すと、私は見えない能力のため年功で上げてきた結果、付加価値生産性は上がっていないのに、人件費だけは膨張している今の方が会社としては困った問題と思います。昇格させることが人によってはモチベーションのアップにつながることは否定しませんが、結果が伴わないのであれば会社にとって意味がありません。それと、これは世間で勘違いされていますが、ポスト、ポジションについても、経営幹部の戦略的な判断で増やすことができます。経営戦略を実現するために必要なポスト、ポジションまで制限がかかるなんて全くナンセンスです。重要なことは、経営幹部が会社、自部門の予算に責任を負うことなのです。例えば、数年で異動（あるいは定年退職）が分かった部門責任者が、自分が異動してもその部門経営が維持できるように補佐のポストを設けることは当たり前のことです。これは、職能資格制度であっても同じことです。

しかし、業績を達成するための職務構造をどうするのかを考えず、年功で昇格させ、意味なく補佐職や代理職、専門職や専任職を設けてきたことの方が困った問題だったのです。

社長 お話としては分かりますが、これまでは賃金を上げてやるにはそうするしかなかったんですよ。ただ、この不況の中で、その原資も尽きてきています。

人事コンサルタント ポスト、ポジションにこだわるのであれば成長し、組織を大きくすることです。そして、そうなるための組織固めとして、職務給にすれば必ずしも業績が上がるというものではありませんが、職務分析を実施し、少なくとも職務基準書あるいは職務記述書によって個々の職責を明確にできるだけでも、今よりは生産性が向上することは確かです。

（3）賃金が低いまま固定化されるという誤解

人事部長　社長、職務給を検討するのはいいのですが、先ほど原資の話もありましたが、昇給がなく、賃金が上がらないとよく噂されています。それでは今以上に採用が難しくなりますし、退職者が増えてくると思うので、不安です。

社長　本当にそうなら、それは従業員にはつらいところだな。先生、その辺はどうなんですか？

人事コンサルタント　それは賃金が毎年上がるのが当然という考え方からすれば問題になるのかもしれませんが、退職者が多く出ることや採用ができないことを全て賃金に結び付けて話をするのも偏った見方と思います。職務給の導入で、正当に賃金を払われる中堅・若手社員の定着率はむしろ上がりますし、本当に高技能者であれば、その職務も管理職並みにするなどいくらでも方法はあります。それに、極論をいえば他社より賃金が低くても、それでも働きたいと思う魅力ある会社になればいいという考え方もあります。

社長　痛いところを突いてくるね。

人事コンサルタント　労働者は当然、賃金が少しでも高いところで働きたいと思うのは当然のことだと思いますが、賃金が高いからといってモチベーションにつながるものではありません。賃金が上がった当初はモチベーションも上がるかもしれませんが、「こんなに働いているのに、これだけ!?」とすぐに満足できなくなります。会社に対する忠誠心において賃金が問題になるとしたら、余程のブラックでしょう。賃金以外で職務満足を高める策を考えるべきです。これには、職務分析を実施、職務再設計を進めています。

社長　職務再設計？　それで職務満足が図れるんですか？　興味ありますね。

人事コンサルタント　職務再設計については後ほどとして、先ほどの、人事部長が心配されている職務給の低賃金固定化についてお話します。

　戦後、職務給が研究され始めた時代は、まだ戦時統制と戦後インフレのため初任給が低く抑えられ、しかも単身者生計費をベースとしていました。このため、年功賃金ではないので、職務が難しくならない限り賃金が上がらない限り生活が苦しくなることから、労働者がこれに反対するのは当然のことでした。しかし、近年の初任給の上昇は、4人世帯の最低生計費を上回るほどになっており、職務給を導入できる条件は整っているといえます。

人事部長　それでも、初任給程度で昇給しないとなると社員はどう思うかな。

人事コンサルタント　また極論で職務給を否定されるような言い方ですね。そんな社員がどれだけいますか？　これまでそんな固定化してきたような会社でしたか？

　会社が成長している限りは、先ほどお話しましたように、ポスト、ポジションの数は増やさなければならないのは当然です。また、成長が鈍化したとしても、自然退職者は出ますし、なんといっても付加価値を高めればいいのです。市場競争において難しい仕事は要求されてくるはずですから、熟練度を高め競争に勝てば上位の職務に上がるチャンスも出てきます。また、これは後ほどお話しますが、業績考課による付加給もありますので、固定化とはいえません。

社長　なるほど。同じ仕事を長年していても定期昇給をしてきてそれが当たり前のように考えすぎているところがあるから、どうしても職務給を否定的にみてしまうけど、経営的には納得感ありますね。

人事部長　……。

人事コンサルタント　そうだと思います。過去においては、勤続年数＝熟練度の時代もありましたが、高度技術による機械化、情報化によって時代は変わりました。そもそも賃金は労働の対価です。年齢や勤続年数の対価ではないことを理解させておけば、働き盛りの社員のモチベーションは上がります。同時に、進化していく技術に追いつくよう会社は積極的に設備投資、教育投資をしていくべきで、バブル経済崩壊以降、これがなされていないのですから賃金を上げる要素自体を断っているともいえます。

(4) 日本的雇用の弊害を整理する

人事部長　当社はこれまで何とか新卒一括採用ができてきました。今後もその

つもりなのですが、職務給になると、初任給から違いが出てくるのではないでしょうか？

人事コンサルタント　その通りです。期待される職務内容の価値が違うのであればそうなります。IT業界、特にAI技術については既に始まっていますね。

人事部長　そうなると、これまでのように入社3年ほど、色々な職務を経験させてから、適職を見つけることが難しくなってくるように思いますが、そうなると困ります。

人事コンサルタント　それでは3つほど確認させていただきます。

　3年間、色々な職務を経験させるといいますが、そこまで見ないと判断できないものですか？　もう1つ、3年もかけているうちに時代が変わり、若い頭脳や感性が時代遅れになりますが、それはどうお考えですか？

　そして、そういわれる場合、従業員を色々な部署にローテーションさせたいという話とつながる場合が多い、つまりこれまでの日本型の雇用システムそのものですが、そう思われていますか？

社長　でも、やはり部門だけのことを考える従業員にはなって欲しくないので、ローテーションはしたいな。あと、新卒者のころから格差をつけるのも気が引けるし、全部の職種ではないけど、その系列の仕事はさせておきたいな。互いの苦労が分かるように。

人事コンサルタント　適性が分かることと、苦労が分かることは違いますけど。それぞれのお話に、それぞれお答えします。

　まず、そもそも私は、今、御社の人事制度の改訂の話で相談を受けています。既にお話の中で、管理職が育っていない問題がありました。つまり、指導できない、評価できない、管理できない管理職です。おそらく、科学的ではない（根拠ない）ある意味身勝手なマネジメントをされています。そういう管理職の下で、新卒者を3年、適性を判断し、適職探しをさせて…、各部門の上司たちが本当に部下の適性を判断でき、適職を見つけ出せるとお思いですか？

　もしそうであれば、今日ここに私は呼ばれていないでしょう。人間というのは人に影響されやすいものです。その人間の適性がその上司の下で発揮されるかどうかは、個々の価値観で変わります。

社長　確かにそうだが…。

人事コンサルタント　まだ高価なアセスメントツールの方が多面的に診られる

かもしれませんが、それですら怪しいです。

　それに、経済産業省、未来人材会議の「未来人材ビジョン」に根拠を求めようとは思いませんが、参考までに紹介すると、ここには"これからの採用シーンでは、新卒一括採用が相対化されていく。「何を深く学び、体得してきたのか」が問われる、多様で複線化された採用の「入口」になるはずである"とされています。既に今の新人は、将来を見据え専門的な能力を身に付けたいという想いで会社に入ってきます。つまり、出端をくじくような話は、その人材の未来を潰すことであり、彼らにとっても時間のムダであり、退職につながることになるでしょう。

　もう一点。今の管理職の力を見ていかがですか？　何を課題とされていますか？

社長　いや、なんといっても部下指導力です。

人事コンサルタント　質問しておきながら、お言葉を返すようですが、指導してこなかったのは誰ですか？　それは、今の人事制度の責任ではありませんよね。今ある制度も規定されているとおりに運用もしていないわけですから、制度そのものではなく、失礼ながら社長を含めて運用側の課題もあれば、なおさらですよね。

　そして、もう1つ、今、社長が課題として挙げている管理職の力ですよね。ローテーションした結果が生きていないのか、ローテーションのやり方に問題があるのか？　いずれにしても、きっと監督職も育っていないわけですよ。なぜなら、管理職の指導力が課題なのですから、監督者を育てられているはずがありません。それに、本当に、ローテーションした結果、他部門のことを考えられる管理職が育ち、会社としていい感じになってきていますか？　社長の話からはそれを感じませんが…。

社長　何ともその通りです。他部門のことは分かっていても、部門間の調整や助け合いはないですね。

人事コンサルタント　しかも、部下の「去年まで他部門でやってきた方に、なぜ我々を評価できるんですか？　こっちが教えているくらいなんですが…」という声が聞こえてきそうです。

　課長まではやはり最低限、その部門、職種のプロでいて欲しいですね。やはり、部下に聞かなきゃ分からなくて舐められるようでは、部門の責任者とはい

えません。

　御社はヒット商品が出て、成長し続けているので、育成が間に合っていないという問題があるにしても、部門間の調整をできるような制度で補完することもできるのですが、そういう制度にはなっていないようなので無理ですね。いくらローテーションしたところで、自分（部門）が一番可愛いですから、協力するということと、結果（業績）につなげることは別の話になってしまいます。

7. ジョブ型人事、ハイブリッド型人事の大混乱

(1) 二元論で語れるほど簡単な概念ではない

人事部長　すみません。お話を戻すようで申し訳ないのですがジョブ型について、もう少し確認させてください。セミナーや講演会で研究者やコンサルタントの皆さんが話していることが違います。どう整理したらいいのでしょうか？

人事コンサルタント　先に話したように、ジョブ型雇用という概念が人事業界を混乱させているのは事実です。そもそも、有期限定正社員のことを指していたり、欧米の雇用制度のことを指していたり、色々です。

　混乱している原因は、そもそもここは日本であるにも関わらず、日本企業に導入されている限定社員制度を、「ここは欧米でもないのに（社会基盤もないのに）、ジョブ型が今の日本で運用できるはずがないだろう !?」と企業実務とは離れて問題提起されたことに始まっているようです。

　政府は、ジョブ型正社員を「職務、勤務地、労働時間のいずれかの要素（または複数の要素）が限定される社員」としており、「労働契約の締結時には労働条件について明確な合意がなされていない無限定契約である」メンバーシップ型正社員としています。

人事部長　私が驚いたのは、「ジョブ型雇用なら解雇ができる」という顧問弁護士の話でした。そして、日本で導入されている職務あるいは役割等級制度が、色々な本では「ジョブ型」と書かれています。酷い時は明らかに職能資格とほとんど変わらないものまでそう謳っています。ただ、確認したいのは、職務等級制度は整理解雇ができると思っているのですが、間違っていますか？

人事コンサルタント　そうですね。欧米というか、特にアメリカの場合は解雇

が当たり前の国で、これをジョブ型というのであれば間違ってはないでしょう。

　しかし、ここは日本です。無期雇用社員である限り、雇用契約が変わらない限り、日本の労働慣例上、現段階で整理解雇は今のところはあり得ないですよ。

　ただ、限定された条件の非正規社員を無期契約にしたところで、職務は限定されていますから無限定雇用のメンバーシップ型正社員とは違うことを理解しておく必要があります。

社長　んー、なんとなくは…。

人事コンサルタント　ただ、職務等級制度は、元々、職務限定による賃金ですので、非正規であろうが、無期転換社員であろうが、職務評価によるそれぞれの職務価値に応じた賃金となります。ただし、雇用期間については、雇用契約により正社員なら無期雇用です。問題は、転勤や職種異動の扱いですかね。

　ただ、これまで日本において職務等級制度を導入してきた企業で、職務が限定でも、異動によって異なる職務になり賃金が変動しても、解雇が問題になることはほぼありませんでした。

人事部長　なるほど。「解雇できる」というのはアメリカの話であって、日本の話ではないということですね。職務内容の変更があっても、でしょうか？

人事コンサルタント　今のところはその通りです。日本企業の正社員の雇用契約は、多くの場合、職種（あるいは職務）限定ではなく、無限定、無期雇用です。条件付き（つまり、職務や勤務地などが限定）でも無期雇用であるということです。雇用契約内容がこれまでと変わることはありません。

　ただし、労働者が合意をしていても、異動によって大幅に賃金が低下する場合や、限定での雇用契約になっている場合は他職種（あるいは他職務）に異動の場合は注意が必要です。

人事部長　では、なぜこんなにもジョブ型の議論が盛り上がっているのでしょうか？

人事コンサルタント　それは、解雇規制の緩和とジョブ型雇用を連動させようと狙っている識者、経営者が存在しているのと、あとは、これを理解せず流行り言葉としてだけ活用している方々とそれに反対している方々との答えがない議論です。ただ、新しい資本主義実現会議において、「ジョブ型人事（職務給）」が明記されたことから、今後はさらに使用されることになるでしょう。ただ、日本のこれまでの企業実務に根差していない概念で、今やバズワードともいわ

れています。

　ただ私も、今後、日本の労働判例がどう変化してくるか、また解雇規制の緩和がどのように導入されていくかに注目していることは確かです。今のところ、限定正社員（ジョブ型正社員）を採用した場合の扱いについて、経団連はジョブ型正社員に対して解雇回避努力を今のところ主張していますが、これからの経済状況や多様性などへの対応や労働生産性向上のための人材の流動化促進など考えると、ジョブ型正社員の割合が増え、その後は、今の正規、非正規という身分的な区分もなくなっていくでしょう。

人事部長　そういえば最近、労働条件通知書に勤務地、職務などを全従業員に明示するようになると発表がありましたね。

人事コンサルタント　先ほどお話した、人材の流動性を高め、多様な働き方を推進するためと表向きはなっていますが、これに解雇無効時の金銭的救済制度など解雇規制の緩和が連動してくると、一気に真のジョブ型へ移行していくのかもしれません。

社長　私にとっては雇用に縛りのない経営ができることになりいい話ですが、事業と職務そして人材の組み合わせを真剣に考えなければいけないということになりますね。

人事コンサルタント　その通りです。ただ、既にお話しましたが、職務を明確にすることは組織としては当たり前のことで、それが現状できていないだけです。どんな人事制度であってもそれは同じで、「ジョブ型は古臭い」と答え無き批判をしたところで、人に対して職務を明らかにすることが、経営の根幹です。

社長　厳しいな。でも、実際そうですね。

人事コンサルタント　いや、従業員側の方が厳しいですよ。個の自律が求められ、自分の人生観、職業観が問われることになりますからね。それから、メンバーシップ型雇用において既に限定正社員を自ら選んでいる社員も実際に数多くいて頑張って働いているわけですから、解雇できるだとかできないだとかの話ではなく、本質的には社員の能力をいかに発揮させる方法、制度の追及を皆が求めて議論している状態ともいえます。ただし、私はどんな制度であっても「職務」を疎かにしてはいけないと考えています。

職務等級制度と職能資格制度の相違点

職務等級制度（ジョブ型人事）	比較要素	職能資格制度（メンバーシップ型人事）
企業が企業目的・目標から戦略的に機能展開し、期待役割・職務（ポスト・ポジション）を明らかにしたうえで、それらの価値をベースとする制度	基本的要件	企業が期待する職種別・等級別の職能像を明らかにしたうえで、①従業員一人ひとりの職務遂行能力（潜在能力を含む保有能力）あるいは②課業を通して判断する発揮能力をベースとする制度
①職務分析および職務の評価 ②職務基準書（記述書）、職務明細書 ③定められた職責の達成度をみる業績評価	構成要件	①職務調査および一人ひとりの職能評価 ②職能基準書、職能要件書 ③職能伸長度をみる人事考課
①経営環境変化に応じて職務を編成、設計することで、適所適材の配置が戦略的にできる。 ②職務内でのキャリア形成が中心となる。プロフェッショナル人材の育成を目指す。このため、職務間での異動は起こりにくい。 ③雇用形態に関係なく職務評価による職務等級によって基本給が決まる。	特徴	①大まかに決めた職務を与えるが、経営環境状況に応じて、適材適所の配置転換が行いやすい。 ②職種間での異動を行いゼネラリストの育成を目指す。 ③異動があっても、職務の難度に関係なく、職能等級に応じた基本給となる。
①原則として、定年制の無い無期雇用（原則として、企業が定めない限り定年はない） ②採用は、原則、職種（職務）別に行う。	正社員雇用	①無期雇用（定年が定められている場合が多い） ②採用は、原則、無限定で行う。 ③限定正社員が存在する。また、正規、非正規社員の身分区分が存在する。
①無期、有期雇用の区分はあるが（正規、非正規社員の区分ではなく）、無期限、限定の区分はなく、賃金は職務評価による職務価値および勤務時間による。 　したがって、定年後再雇用者についても、職務価値で賃金支払うことになる。	非正規社員	①有期社員に対しては、職務給が適用される場合がある。 ②限定正社員の場合、本人の保有能力に関係なく、基本給は別水準となり、昇級・昇進にも制限が発生する。
①組織が必要とする職務・役割には制限（定員）があるので、この空きが発生した時に昇任できる。 ②職務・役割が無くなれば離脱し、他の職務・役割に異動する。降級することもある。	昇級と任用	①保有する職務遂行能力が高まれば昇格できる。原則として、能力の伸長は無限と捉えており降格はない。 ②ポスト数に関係なく昇格するため、専門管理職務が増える傾向になる。
原則として行われないが、会社の業務命令により、配転が行われているのが現状である。	配置転換（異動）	会社の業務命令に従う。
①同一価値労働同一賃金（職務給）が基本。 ②基本的に定期昇給はなく、降給もない。 ③業績評価による業績給が職務給に付加される。 ④職務等級が異動になれば、賃金は等級に応じて変動する。 ⑤無限定、限定正規社員の区分ではなく、職務評価の価値による。	賃金	①同一職能同一賃金が基本。 ②基本的に、能力が伸長することを前提としているため定期昇給となる。また、原則として降給はない。 ③人事考課の結果である査定昇給と、年齢給および勤続給がある場合は、自動昇給がある。 ④異動による基本給の変動はない。
①高い能力を保有していてもポスト、ポジションが空かない場合は、高い賃金を得ることはできない。逆に、価値の低い職務に異動した場合は、低い賃金を受けることになる。 ②職種間異動が行われることは少ないが、異動となった場合に賃金の変動の可能性がある。 ③職務分析、職務評価の実施および職務記述書の作成に手間がかかる。	問題点	①職務遂行能力に客観性は乏しく、年功賃金になりやすい。このため人員数および人件費が自動膨張してしまう。 ②職務と職能が連動していないことから、職責が曖昧になる。このため、企業目標と連動させることが難しい。 ③職務を明らかにできていなければ、客観性に職能をベースとして基本給が設定されていること自体が、差別的な賃金につながる。 ④職務調査が実施されておらず、職能基準書が整備されていないため、職務と職能のミスマッチが生じる。 ⑤定年後雇用者が定年前とほぼ同一の仕事をしているにも関わらず、賃金減額が行われている。

①戦略的に職務を設定することは、両制度とも同じである。
②日本における雇用は、現在の法律に従い、正社員は両制度とも無期雇用である。しかし、定年退職年齢は企業によって異なるし、定年の定めがない場合もある。
③解雇事由については、両制度とも同じである。

(2) メンバーシップ型論者がいうハイブリッド型制度の奇妙さ

①ハイブリッド型制度の矛盾

人事部長　先生はこれまでのお話の中で、ハイブリッド型という言葉は出ないですね。巷では、これからの人事は、先ほどの「ジョブ型」と「ハイブリッド型」だと結構、本や雑誌でも騒がれていますが、なぜですか？

人事コンサルタント　簡単なところから、先ほども話したように、これからの多様性に対応するためには人事制度は、公正で、逆にシンプルなものでなければいけません。そのためには、職務と賃金が連動することが非常に大切です。特に、外国人雇用しなければならない場合はなおさらです。

社長　そうですね。当社も外国人技術者の採用をしています。当社は個別の雇用契約書にしています。先の話の限定正社員ですかね。その彼らの入社説明会で必ず「どうすれば賃金が上がるのか？」と説明を迫られます。当たり前なのですが、「難しい仕事ができるようになったら」、「評価が良かったら」というのですが、これを自分がいっている端から「難しい仕事？　何をもって？」「評価？　何を基準に？」と疑問に思うようになりました。現実、賃金は年功で上がっていますからね。おまけに、働きの悪い社員にも色んな手当を出しています。仕事に対する賃金なんて一部じゃないですかね。で、先生のお話を聞いてみようと思ったのです。

人事コンサルタント　外国人を採用している企業は必ずそこに気づかれますね。これが、仕事と賃金をしっかりと結び付けている海外との違いですね。構築するのは非常に簡単ですが、私が基本的に「ハイブリッド型」をお薦めしないのは、賃金の本質から外れていると考えているからです。そもそも賃金は、労働の対価です。後にもお話しますが、例えば働きが非常にいい独身従業員の作り出した付加価値が、働きの悪い従業員の家族手当など生活関連手当に払われているとして、それに納得できると思いますか？

そして、外国人雇用を含め DE＆I（ダイバーシティ・エクイティ＆インクルージョン）の時代、誰にも分かりやすい、シンプルな人事制度といえば、もう職務給しかありませんよ。私は確信に近いものがあります。

社長　本当なら納得できないですよね。でも、そんな冷たいこというなよと、どこかで思ってしまいます。特に、創業者の父は「従業員は家族だ」と話して

いました。

人事コンサルタント　ただ、私は原則をいっているだけで、これを否定しているわけではありません。家族のように従業員を信じ、協働することは大切です。海外にもそういう企業は存在します。そして、これを謳うことはリーダーシップの重要な要素でもあります。ただ、過去に存在していた親方請負制のように親方による支配と搾取が行われたような問題もあります。しかし、実際のところは、会社は本当の家族ではないわけですし、雇用契約による対等な関係であることを認識すべきと思います。

　さらに、家族手当が企業によって支払われるなど、まして企業規模やその支払い能力によってその額が異なるなど、私はとんでもない賃金だと思います。

②ハイブリッド型制度の問題

人事コンサルタント　話をハイブリッド型に戻しますが、これには大きく分けて３類型あります。

ハイブリッド型の図

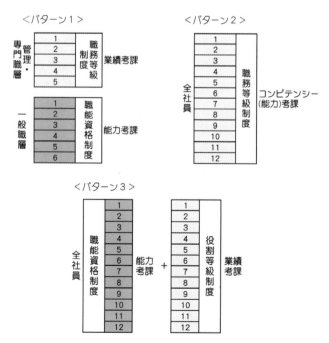

＜パターン１＞

　非管理職層を職能資格制度として、管理職層を職務あるいは役割等級制度にするもの

＜パターン２＞

　職務基準の等級制度ではあるが人事考課は能力（コンピテンシー含む）考課であるもの

＜パターン３＞

　職能資格制度をベースに、別途、役職を業績責任で細分化し序列化したもの

　この中で、特に私は、1990 年代後半から導入され最も多い＜パターン１＞を問題視しています。

　そもそも、職能資格制度は従業員の発揮能力（潜在能力を含む保有能力としている企業も多く存在した）を重視しています。色々な職務経験をさせることで保有能力が向上し、たとえポストに就かなくても、能力等級で処遇できるので、高度経済成長時代にはメリットがあったとされていました。しかし、日本の一人当たり名目 GDP（ドル換算）は、ピークの 1995 年以降、ずっと停滞状態が続いています。この間、米国は大幅な伸長を続けており、ドイツやカナダなども成長が続いています。直近では、日本は先進国の中でも中位に埋もれ、2013 年から OECD の平均値に追い付かれ、同程度の推移となっています。そして、終身雇用のため低い失業率ではあり、投入労働人数は多く、そのうえ、長時間労働であることを考えると、本来一人ひとりの労働者がもっと付加価値を上げておかなければいけないのですが、そうなっていませんでした。つまり、「従業員の保有能力＝労働生産性」でも高付加価値でもなくなっていたのです。

人事部長　それは感じます。「能力主義だ」、「能力開発だ」と騒いでいたわりに、当社も一人当たりの生産性は上がっていませんし、管理・監督者が育ってきていません。

人事コンサルタント　そういう会社がほとんどです。職務、職責を明らかにせず、このため業績責任の所在も明確にできないまま、「能力主義だ」、「人間本位だ」と叫んだところで、間違えた戦略思考だったのか、会社の業績に結びつかないような能力を開発していたのか…という話にしかなりません。

　職能等級、7 等級以上の管理職の期待される能力に到達してないのに、年功

序列で約 30％の従業員が管理・専門職層に存在しているわけですから、人件費ばかり膨張し続け、全く話になりません（管理職は約 10％）。それで、「能力主義だ」と引っ張ってきた人事部門は責任を問われることもなく、未だに人事権を掌握しているのであれば良い身分だとしかいいようがありません。

人事部長　厳しい…。大企業の話だとしても私も返す言葉がありません。最近は、一般的な教育ではなく、できる限り実践的な研修を選んだり、企画したりしていますが…。そうなると我々はサポートするしかなく、現場で教育内容や方法を決めて欲しいと思っています。

人事コンサルタント　そうですね。良い点に気づかれていると思います。現場（各部門）で本当に必要な能力は、現場で企画させることが一番です。だからこそ、現場での職務の明確化が必要で、このためにも職務分析をすることです。

③日本型職務給のこれから

人事部長　しかし、現実、日本では職務給に慣れておらず、そのインフラも整っていないのも事実ですよね。このため、ハイブリッド型にならざるを得ないのではないかと思いますが…。

人事コンサルタント　そうですね。私はそれを否定していません。そうならざるを得ないことが分かっているからあえて自分からそういわないだけですし、原則から外れ、矛盾していることを自から話したくないだけです。

社長　先生らしいわ（笑）。

人事コンサルタント　そうですね（笑）。職能給は本来、「職務給への架け橋的存在」だったことを考えると、ここから長い時間をかけてハイブリッド型のパターンの①から②、純粋な職務給になっていくのかもしれません。やっと踏み出した感はあります。

人事部長　やはりそうですよね。

人事コンサルタント　私はこの過程で、日本人の職務に対する捉え方がまず変わることを期待しています。原理原則を理解せず、「あれもこれもジョブ型（職務給）なんだ！」って何年か先も今と同じような過ちを繰り返し犯しているということだけは、もうして欲しくないです。

人事部長　はい。まずは先生がいわれる職務給を理解し、ハイブリッド型といわれるものを判別できるようになりたいと思います。

人事コンサルタント　ぜひそうしてみてください。これから話すことを念頭に置いていただければ、職務給の本質や他の制度の矛盾も見えてくるようになると思います。

(3) メンバーシップ型雇用なのにエンゲージメントが低い日本

人事コンサルタント　話を戻しますと、今までのように職務が不明確のまま非管理職層を職能資格制度では、業績が期待できないことは明白です。職責、業績責任を従業員が自覚できないわけですから、そういう人間が管理職に年功でなったところで業績を上げる方法を知らないのに、どうして部下を指導、評価することができますか？　だからこそ、職能資格制度といっても、昇進するには、業績達成度の評価ウエイトが高くなっているのですが、繰り返しになりますが、職責がそもそも不明確ですし、これまでの制度で昇進してきた管理職が保身のために身内びいきになることは間違いなく、まあ管理職になったところで同じことを繰り返すだけで、組織内部で対立してでも顧客本位で真っ当に戦い業績を上げる管理職なんて出て来やしないですよ。つまり、業績責任をしっかり負う自律した従業員を育てようと思えば、まずは職務を基準とし、サポートや指導しながら目標達成させていくことですし、さらに、職務と賃金を結び付け自立させることが重要で、非管理職層だからこそ職務等級制度が適当だと私は考えています。終身雇用では、企業への依存心が強すぎいつまでも自律なんてできているはずがないですよ。

人事部長　厳しいご意見ですが、多くの従業員はその通りかもしれません…。

人事コンサルタント　そんなところに、企業は早期退職を募り、半強制的に辞めさせているわけですから矛盾だらけで、従業員たちも疑心暗鬼になりますよ。そんなことしながら、経営者は責任も取らず、全く雇用システムが異なるアメリカ企業の流行り言葉を意味も理解せず、日本的解釈をして「これからはエンゲージメントが重要だ」「恐れのない組織だ！」なんてうそぶくわけですから、組織はさらに甘くなり、崩壊しますよね。職責を明確にしてこなかったことで、業績が出せていなくても経営者も責任を取らなくていいですもんね。皮肉なことです。

社長　その点、オーナー系中小企業の経営者は、良くも悪くも責任を取らされ

ています。

人事コンサルタント　その通りだと思います。ゆえに、職務等級制度は、従業員の職責への自覚を促しやすく、これを命令する上司の方も、管理・監督者としての自覚ができてきます。そもそも、職責をルーズにして組織は成り立ちません。

社長　ただ、きっちり決めると融通が利かなくなり、自由さというか、自律的に仕事に取り組む姿勢が萎えてしまうようで不安です。

人事コンサルタント　本当の自律を目指すならば、その心配は必要ありませんよ。自律した人間は自由であり、自分の価値観で行動します。むしろ、これを引き付ける魅力的な会社の価値観の方が問われてきます。

社長　なるほど、厳しいですが、互いに…ということですね。この制度は、活き活きとした組織にするためのきっかけにもなるということですね。

人事コンサルタント　元々は欧米のような独立的自己観から生まれた制度ですが、日本人の考え方も変化してきており、先にもお話したように、社会も多様化していっていますから、やはり、これからの制度であることは間違いないと思います。当然、守旧派の抵抗はあると思いますが、将来のことを考えると理解されると思います。

第２章

職務給の本質

1．職務給の目的（歴史から）
2．職務給は組織と社員の両方を豊かにする

1. 職務給の目的（歴史から）

人事部長　職務給を導入すると賃金制度としてはどのように変わるのでしょうか？

人事コンサルタント　大きく変化するかといえば、そうでもありません。そこがまた日本的とでもいうのでしょうか？　私がこれまで職務給を導入した企業で職務給のみという企業は多くありません。本来、賃金は「労働の対価」であり、年齢、扶養家族など属人的なものは排除され、職務給一本が基本です。ゆえに、「賃金体系」という用語があるのも日本の特徴の1つです。

　　ただ、日本の場合は、現実の労働の提供と結びついていない年齢給、家族手当、住宅手当などまで含めて広く解釈され支給されているのが現実です。これ、公正な賃金だと思いますか？

人事部長　いや、公正かといわれると、そうではないと思います。

人事コンサルタント　そうです。誰もがそう思っているはずです。冒頭で分配的公正の話をしましたが、ここで賃金体系に絡めて話をします。まず、この公正とは、「自己の報酬と自己の貢献」と「他者の報酬と他者の貢献」とが衡平になっていることをいいます。ただ、不衡平（感）を是正するために（働いているかどうかは別として）、休まず毎日出勤する者に対して精勤手当を（衡平分配）、家計を支援するために扶養者数に応じて家族手当を（必要性分配）支給することになるだけで、賃金は本来的に労働の対価であり、すべて衡平となるように支給されるべきなのです。そして、公正でいうところの貢献とは、仕事に期待されている成果およびこの達成度合いということになりますから、自己の報酬は、職務給と達成度に応じた査定昇給や賞与が働きに見合ったものであるかどうかということと、他者と比べてそれぞれが納得できるものかどうかということになります。

　　ただ、日本の労働の対価（対償）の範囲は広く、歴史的にも「職務給一本」と一足飛びにできるようなものではありません。

人事部長　ということは、これまでのような賃金体系という選択肢もあるんですね。

人事コンサルタント　はい、現実としてあります。私は論理的な矛盾を抱えて

しまうような制度は個人的には避けたいのですが、現実問題として、新制度への移行、運用のために、基本給に職務給は当然導入しますが、年齢給を併存させ支給したり、手当を一部残したり…はその会社の賃金方針として必要と思っています。

人事部長 そうなんですね。少し安心しました。一気に職務給一本というのは不安です。

人事コンサルタント だからといって、説明がつかないような、差別につながるような手当は再構築するべきです。先ほども述べましたが、例えば、家族数によって手当が増えるということは、扶養家族の多い成果を出せていない従業員は、頑張って成果を出している従業員よりも有利となります。また、成果を出せていないが家賃や住宅ローン返済のために住宅手当が支給される従業員は、成果を出しているが親と同居の従業員よりも有利です。変じゃないですか？

　付加価値上げているのはどっちだと思ってるんだ！　となりますよね。

　ここに、同一労働同一賃金の流れで、精皆勤手当、危険作業手当、食事手当、地域手当などは非正規社員に対しても支給されることになるなど、手当についてはしっかりとその定義を含めて整理していく時代になっています。

人事部長 その辺は、最高裁判決を受けて、当社もしっかり対応していこうと考えています。

人事コンサルタント 確かに非正規社員の処遇における裁判で手当が注目されていますが、基本給にも大いに問題があります。いくら正社員の長期雇用を前提にといわれても、年齢給や基礎給のようなものは日本での法律違反にはなりませんが、本質的には年齢差別です。また、年齢に応じた世帯人数に応じて生計費から導かれているとはいえ、単身者やこれを選択している従業員からするととんでもなく不満に感じるでしょう。まして今は、いつまで定期昇給があるのか、そもそも会社自体の存続ですら危ぶまれるような不透明な時代です。現在の労働価値での賃金を期待している若手、中堅の従業員は増えています。

人事部長 そういう話は当社でもよく聞きます。しかし、新しい技術についていけていない、部下や後輩の指導もできない中高年者からの圧力も半端じゃないですからね。

人事コンサルタント 長年、労使で作り上げてきた賃金体系なのですから、それは当然です。ただ、高度経済成長からバブル経済を経てもう30年です。良

い時代を知る従業員はもう一部で、多くはデフレ経済下、人事制度は厳しいものへ改訂され、厳しい競争の中、賃金はろくに上がっていない世代で、本当に気の毒に感じます。

人事部長　ほんと難しいです。これまで苦労してきた人間の賃金を下げるのか!?　なんて中高年者にいわれると、特に…。

人事コンサルタント　はい。そういう話はよく出てきます。既得権の主張も含めて。ただ、バブル経済崩壊、リーマンショックと業界によっては、技術の発展で本当に悲惨な目に合った従業員をたくさん見てきました。「俺たちはこんなに厳しく、不幸だった時代を乗り切ったんだから、優遇されて当然だ」といわれるのですが、時代というのはどこをどう切っても、幸不幸は存在していますので、お気持ちは分かりますが、だからといってそれが優遇されていいというのはおかしな話です。やはりそこは経営環境の激変や経営者の戦略的失敗は平等に受けざるを得ないものだと思います。ただ、アメリカの労働組合は先任権*を認めさせ熟練者の優遇（雇用保障）してきていますので、日本でこの議論が今後盛んになってきてもおかしくないですね。

人事部長　解雇規制が緩和されるような話も出ていますからね。ただ、職務に注目することで、従業員や労働組合には冷たく捉えられ誤解されることがあるかもしれませんが、これまでの色々なしがらみも整理できそうですが…、誤解されないよう注意します。

人事コンサルタント　そうですね。私も労使対等であることは当然、この上に強存強栄できるような合理的な方法（制度）を追及しているだけなんですが、結構誤解されます（苦笑）。

＊先任権制度
　企業が、労働者の配置転換、昇進、解雇、再雇用、休職などを行う場合、勤務期間の長さに従って優先的な取扱いを認める制度です。先任権の決定方法は以下のとおりです。
①勤続期間のみによって先任順位を定める場合
②勤続年数だけでなく、能力、熟練、適性、勤務成績などを加味して決定する場合
③組合役員に上位の先任権を認める場合　など

2．職務給は組織と社員の両方を豊かにする

(1) 職務給だから生産性が向上するそのわけ　〜職務給と能率の関係〜

社長　先生は職務給で生産性が上がるといいますが、それはなぜですか？　私からすると単に同じ価値の職務なら同じ賃金というだけで、固定給的で能力給と同じじゃないの？　と思いますが。

人事コンサルタント　いやいや、これは一般的に語られる職務給というよりも、賃金の成り立ちから理解すれば簡単です。そもそも、労働者が十数時間も働かされた時代の出来高に応じて払われた出来高給から、労働時間を短縮し、8 時間内で何個造るかという能率という概念から支払われる能率給に変化しました。しかし、この能率給では熟練するまでは非常に厳しい賃金であり、ゼロにはならないまでも生活を安定させるには厳しい賃金であることから、標準能率の 50％を基準賃金（最低賃金）として保証することになりました。これが職種給あるいは職務給の原点です。つまり、職務給は能率なしには語ることはできません。

　8 時間の中で量的、質的にどれだけのことをしなければならないかということが常に問われていますので、職務給は固定給だからそこで能率が問われないという考えは全くの間違いです。

社長　なるほど。固定給ではあるが、その中には量的・質的な基準があるというわけですね。

人事コンサルタント　その通りです。仕事に能率はつきものです。たとえば、御社の生産ラインを見てください。なぜライン別に人数が決まっているのですか？　1 人 10 分の作業で、5 人で流れ作業をしていますよね。で、最後の方は 10 分かけて組立てと難しい検査をしています。前 4 人は同じ程度の難易度の組立工、最後の 1 人は組立作業をしたうえで難易度の高い検査をしています。そこにラインの監督者が担当の複数生産ラインの監視、遅れたときの応援、指導、出来高チェックをしています。

　これ 8 時間で全てサイクリックに動いていますよね。改善しながらここまで来たと思いますが、全ての職務の根底に能率という尺度があるから、計画通りに生産はできているのです。

社長　なるほど。つまり、能率が前提となった固定給であり。結果はどうであれ支払わなければいけない固定給という考え方ではないということですね。

人事コンサルタント　はい。ただ、社長のいう後者の固定給的な考え方がはびこっています。そういう会社では計画通り生産はできませんし、品質も安定していません。

社長　監督者に関しても、8時間以内でできるように全仕事を組んでいますね、確かに…。たまたまそうなっているだけのような。

人事コンサルタント　そうかもしれません。先ほどから話を聞いていると「標準」という概念が社長の言葉からは感じられませんので。儲かっているのかどうかも、月次の決算でしか分からないのではないですか？

社長　その通りです。

人事コンサルタント　これは、製品原価が動いた結果でしかないということですね。もし、標準能率が設定されていれば、標準原価が出てきますし、実績と標準との差異が日々確認できれば、あとになって「えーっ!?」ということにはなりませんし、差異分析で修正もできます。

社長　えっ、標準能率？

人事コンサルタント　そうです。貴社には、標準原価はありますか？

社長　税理士からは原価管理をちゃんとしなさいとよくいわれるんだけどね。

人事コンサルタント　そうですか。ということは、標準原価は設定されていませんね。製品1個を組み立てる作業は、こういう作業手順で（標準作業）、これに何分何秒かかって（標準時間）、その時間での労務費はいくら、原材料費はいくら、光熱費はいくら、ほか経費はいくら…と出てくるわけです。つまり、標準作業が決まれば、標準時間が決まるし、これにかかる（標準）原価も決まる。したがって、1時間に何個造るのかは標準能率となります。そして、これが、原価をも決めているわけで、儲けの原点となるわけです。

社長　なるほど。いわれるとおりで、それを明確にしているもの、現場にあるのかな？　それって、目標がないのと同じですよね。でも、新製品開発の際に、原価は算出しているんだけど、その時だけのもので、その後、きっと細かくチェックしていないんだろうな。

人事コンサルタント　はい。そうかもしれませんね。後ほど確認してみましょう。仕事である限り、どのような仕事でも目標が必要で、製造現場では標準作

業、標準時間は当然ですが、事務や営業などにはこれがないように感じられています。

社長　そうですね。

人事コンサルタント　営業の目標をよく「ノルマ」といいますよね。これ、ロシア語で、実は標準のことをいいます。つまり、日本人が嫌っているノルマは標準能率という目標です。

　そして、この標準能率が設定されているからこそ、ポスト、ポジションの数、つまり定員数が売上計画（予算）、生産計画（予算）、購買計画（予算）…と決まってくることになります。そもそもこの能率という考えがなければ、社員数なんて決まらないはずですよ。

社長　そこまで作業と原価を結び付けて考えたことはなかったな。現場は、人が足らない、足らない…というから採用したんだけど。採用した従業員を見ていると構内物流や倉庫で作業しているだけで、生産ラインに入ってないもんな。おいおいそれコストアップになってるじゃないか…とショックなんです。

人事コンサルタント　それはそれで別な要因もありそうですが、話を戻しますと、職務給の根底に能率があり、だからこそ定員数が決まることを知っておいてください。

　標準能率があるからこそ、それ以上できた場合には業績加給（昇給）を支給しますが、元々見込まれた能率を加味した賃金なのですから、やって当たり前で、そもそも昇給はしなくていいということになります。

社長　なるほど。だから、職務給はシングルレートで固定化されると、労働者から反対されるわけだね。

人事コンサルタント　ある面、そういうところもありますが、標準能率以上を達成できるような職務であれば公正に評価され業績給が付加されていくわけですから、これほど明解な話はないですよ。また、標準能率ではなく、平均能率を基準にすれば、業績給が出る確度も上がります。職務給でも定期昇給があるように勘違いされるのは、このためでもあるのですが…。

　つまり、職務給は本来、何もしなくても払われるような固定給ではなく、能率を前提とした労働量の投入に対する報酬であることだけはしっかり頭に入れておくべきです。

職務構造と標準能率の関係

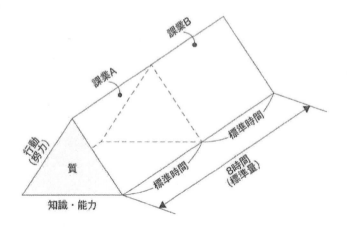

(2) 歩合給の捉え方と経営

人事部長 能率と賃金の話が出たので、これに関連して質問してもいいです
か。営業などは歩合給が適していると思いますが、これをも網羅していると
いうことですか?

人事コンサルタント そうですね。完全歩合給といっても、60％の保障給は
期待している能率に合った仕事を用意しておくべきという考え方です。アメ
リカでも完全歩合給なんて稀ですよ。報酬の 20 ～ 30％の割合です。

　ただ、自動車や不動産販売業界では 70％以上ともいわれています。また、
独立した営業代理店やフリーランスは当然、完全歩合給が一般的です。

人事部長 なるほど。

人事コンサルタント なぜ、歩合給の保障が 60％なのかを、ついでなので
解説しておきますね。

　現在の職務給の基礎をとなっているビドー式賃金の考え方は、低能率が生
じないように気を配るのは経営管理者や監督者の仕事としています。そして、
低能率による超過払いの発生も責任ある管理・監督者たちの負担にします。
つまり、管理・監督者が、部下を指導せず放っておいて、「成果だけ上げろ」
というのは無責任であり、徹底して期待される能率を遂行することに専念す
ることです。現在、歩合給を導入している多くの日本企業は、あまりに社員

個人に業績責任を押し付けていることを認識するべきと思います。

　日本では歩合給において休業手当がそうだからと平均賃金の60％の保障と賃金の本質から外れたところでいわれていますが、ヨーロッパでは「能率的にもこの程度は、普段から経営側が仕事を最低限確保するべき当然のこと」というのが、この歩合給の根底にあるのです。雇っておいて、「君、成果が出ないから賃金なしね！」は身勝手な話で通用しませんよ。

社長　厳しいですが、私は当然だと思います。雇った以上、こちらに責任があるわけですから。しかし、賃金のベースに能率か！　新鮮です。ほんとその通りですね。そう考えると、基本給って意外と奥深いものだったんですね。残業代や退職金を算出するための基礎額というくらいにしか捉えてなかったです（苦笑）。職務給を導入するなら大切な考え方というか、賃金の本質というものですね。

人事コンサルタント　そうです。日本では職務分析とこれによる標準能率という考え方が賃金制度において定着していないため、一人当たり人件費上の定員となりますが、本来は標準能率をベースにした定員制が本来の考え方で、職務給と歩合給がまるで別物であるような捉え方が出てくるのは、職務分析や執務基準などを含め職務給の本質への理解が足らないことを示しています。

（3）ジョブ型人事の流れの中で始まる社員の自律と退職金制度の行方

人事部長　退職金の話が出たのでついでに教えてください。当社では退職金制度を基本給と切り離したポイント式にしたいと思っていますが、今後、ジョブ型の流れの中で退職金制度はどうしたらいいでしょうか？

人事コンサルタント　現在、政府は人材の流動化を進めるために、退職金に対する退職所得控除額を問題視しています。そもそも退職金制度の目的は人材の引き留め策とされ、流動化をさせないために運用されています。

人事部長　そうですよね。それに、厚生労働省は企業向けに公表している「モデル就業規則」を改定し、「勤務期間が短く自己都合なら退職金なし」という文言を「モデル就業規則」から削除しましたね。

人事コンサルタント　その通りです。人材の流動化を妨げるような制度を改めていっていますね。

ジョブ型を単に職務を基準とした企業内の制度と捉えるならば控除額が減少したところで、それでも積み上がる額が大きい場合はあまり変化しないと思います。でも、極端に控除額が減少し、積み上がる額より税金が大きくなるならば引き留め策としての効果はなくなるわけですから一気に流動化する可能性はあります。しかし、こうなることは到底考えられないですね。

社長　そりゃそうだよ。「流動化、流動化」っていっているけど、会社としては良い人材には残って欲しいことはこれからも変わらないんだから。

人事コンサルタント　その通りです。ただ、それを退職金制度でと考えるのではなく、企業としての魅力、そして公正で魅力的な賃金で…となっていくでしょう。ましてや、大企業によるリストラや倒産、吸収合併による消滅など非常に不安定な社会を見てきている若者たちが退職金をあてにしているようにも思えません。何よりも仕事よりも家族、自分を重視です。

人事部長　確かに。もう一つ、退職金前払い制度もありますよね。

人事コンサルタント　そうです。しかし、この制度を導入している企業は依然として少なく、またこれを選択した従業員の毎月の所得が上がり社会保険料や税金が増えることもあり、前払い制度を選択する者が増えることはないでしょう。大手企業が導入し始めた当時は女性社員の選択が多かったということもあったようですが、今やそういう時代ではありません。

人事部長　そうですね。前払い制度よりむしろ、掛金が所得控除、受け取り時は退職所得控除または公的年金等控除が適用され、運用益は非課税となる確定拠出型年金が普及していますね。

人事コンサルタント　人材の流動化という面では、転職する場合は転職先の確定拠出年金等に、非課税のまま自分の年金資産を持って行くことができますしね。

社長　当社でも確定拠出型年金の導入を検討しています。

人事コンサルタント　運用益が出るかどうかは別として、毎月の運用を自分でやることで金銭感覚が

身に付き、給与に対する関心が湧き、仕事への自覚も生まれることもあり私は導入するのは良いと思います。これは、従業員の自律を基本とするジョブ型に非常に合っており、この確定拠出型年金とこれに連動させたポイント式退職金制度の導入は当然で、特に、職務の価値を示した等級（グレード）を重視し、等級ポイントの割合を大きくした設計にすることになります。

人事部長 退職金についての話でしたが、ジョブ型にするということが個の自律を支援することになるということが分かりました。ありがうございます。

（4）職務給と定員

社長 ところで職務等級制度になるとポスト、ポジションが増えない限り、従業員が昇級することなく、モチベーションが維持できなくなるような気がしますが、どうなんでしょう？

人事コンサルタント 社長、では逆にご質問しますが、仕事が変わっていないのに、これまでのように昇級したいとおっしゃるのですか？

社長 いや、そうとは…。

人事コンサルタント そもそも、組織のあり方を考えてみてください。今の経営計画、経営目標では、これくらいの仕事、人数でいけるよなと計算しているはずです。

これまでの日本の賃金は、市場が成熟あるいは競争に負けているのに、年功で昇級、昇給してきたことが、大きな問題であり、社長は今後のことを憂慮し、職務給を検討されたんですよね…。

社長 そうなのですが、賃金が上がらなかったらモチベーション上がらないのでは？

人事コンサルタント 社長、経営者なら業績向上を目指すこと、そのためには、どうすればイノベーションを起こし続けられるか、逆にそういう仕事を予算を付けて創ればいいじゃないですか？

なぜ、今の組織構造にこだわるのですか？

単純に今のやり方でも業績が向上するならば、組織はポジションを増やさなければいけませんし、イノベーションを目指して新たな仕事が発生するなら、新たな職務を作ればいいじゃないですか？ 経営戦略に合わせてポスト、ポジ

ションを作ればいいだけです。戦略・戦術が間違っているのに、賃金だけ成長戦略になってしまっているなんて、とんでもないことです。

社長　確かに。また、発想が内にこもっていました。情けない。

人事コンサルタント　職務を非常に固定的に捉えることについては仕方ありません。日本人全般の癖です。しかし、役割という言葉があるように、ホワイトカラーの仕事は柔軟にとらえるべきですし、もっと事業が発展することを前提に経営者は組織構造を捉えるべきです。多くの企業で、業績が伸び悩んでいるのに、昇給し、昇格させ、自分達の首を絞めています。そして、リストラに走っています。異常な事態で、ゆえに終身雇用なのにエンゲージメントと叫ぶ有様です。とにかく、過去の雇用慣行から少しでも脱却を図ることです。そのためには「職務、職責」がやはり鍵です。

人事部長　でも、ポストが少ない中でもモチベーションを高める方法が必要ですが…。

人事コンサルタント　だからこそ、付加価値を上げるための職務分析であり、職務に連動した能力開発制度が生きてくるのです。能力の伸長は自身の成長を感じ、動機づけにつながります。経営計画に沿った能力を獲得できるように教育訓練していく必要があります。

　営業初級は営業中級の知識、スキルを身につけるために。そうしていくことで、上位の職務につけることができれば、同時に業績も向上していきます。

人事部長　確かに、営業、企画…などはそうかもしれませんが、問題は、間接部門です。

人事コンサルタント　その通りですね。しかし、元々、間接部門は今後IT化が進み、定型業務はシステムに置き換わっていきます。本当に難しい業務を担う職務しか存在しなくなるでしょう。

　むしろ、それを踏まえて採用はしていくべきですし、システム化が進まず定型業務を残すのであれば、賃金を年功的に上げていきたい気持ちも分かりますが、職務に合わせて適正に賃金を支払うことが基本です。ただし、能力開発の手は緩めず、難しい職務に取り組めるようにはしていくべきです。

人事部長　賃金が上がらないのであれば、取り組んでもらえるか、心配です。

人事コンサルタント　何度も繰り返しお話をしていますが、職務は設計し直せばいいのです。半定型業務も含めそれを職務として担うのであれば、そういう

職務に再設計し、職務評価を再度すればいいだけです。問題はそれで賃金がどうなるかですが、グレード数を増やすことも1つですし、逆にグレードを統合することになるのであれば、それはそれで、いかようにもできます。

　ただし、追加で担う業務（課業）は、あくまでも独力で遂行できることであり、他者のサポートを必要とするのであれば、それは職務設計として問題であり、あくまでも教育期間での指導という位置づけです。

(5) 職務給はライフキャリアを明確にでき、逆に人生を豊かにする

人事コンサルタント　これは考え方次第なのですが。終身雇用で、年功賃金をもらって、本当は安心して、その分、頑張らないといけないのですが、逆に安心しきって能力を発揮するのがもったいないとなっているように思います。

社長　なるほど。でもこれは、借金抱えて苦しむ経営者しか分からない悩みと諦めていました。

人事コンサルタント　いや、海外では職務と雇用がセットですが、日本でも職務とその賃金水準を明確にすれば、職務が変わらなければ賃金ベースは上がらないことを、従業員に示すことはできます。これだけでも今よりは理解しやすくなります。仕事が変わらなくても、年功で賃金が上がるわけですから人間、賃金と働きの関係を勘違いもしてきますよ。

社長　いや、でも従業員にも生活が。

人事コンサルタント　いやいや、求める生活のレベルは人によって違いますから、そこは従業員一律に考えることは必要ありません。良い生活をしたい者は仕事で頑張って高い賃金をもらうか、その会社でそれが無理なら転職するかです。

　働きと生活を結びつけず、自分の能力や働きを棚に上げて、他社や他者と比較して、「あそこ、あいつは良いよね」と不満をいうのは世の常です。

　そんなことではなく、しっかり職務と賃金を連動させ、「今のままじゃ、駄目だ。頑張らなければ！」と思わせるのが人事制度です。

　できる人材が引き留められるように制度は設計できればしたいですが、支払い能力からも限界はあります。しかし、賃金を見て、上を目指すか、ここにとどまるか、諦めるか、転職するか、これが本人のライフキャリアです。

社長 そのように運用できれば、従業員たちが自律してくるように思います。ただ、諦める社員が増えそうで怖いです。

人事コンサルタント そう運用しなければならないのです。職務等級制度だからこそ、能力開発に更に注力しなければならないと私は話しているのです。これまでの甘い能力主義とはわけが違いますよ。皆、生活がかかっているのですから。

社長 そうですね。会社は賃金を下げるとか、払わないとか、いっているわけではなく、しっかり働いてくれた分だけ、正当に払いますといっているんですからね。

人事コンサルタント その通りです。ただ、従業員の成長に対する責任は経営者にあります。従業員は経営者の鏡であり、その逆もいえます。本当の能力主義をこれからは目指すべきです。

第3章

職務等級制度の
具体的な構築方法

1. 人事制度をうまく構築していく方法

(1) 人事制度の構築・導入のステップの理解

社長　職務等級制度、職務給についての話はよく分かりました。つもり…ですが。少し、構築方法について話を伺えませんか?

人事部長　私もです。ほんと、つもり…で、また能力、人で職務を捉えてしまいそうですが、気を付けます。

人事コンサルタント　はい。分かりました。では、ここからはお願いしていた製造責任者の方にも同席してもらってください。

人事部長　分かりました。

《製造部長に連絡。その後製造部長が入室》

人事コンサルタント　それでは、ここからは人事制度の構築方法について少し具体的に話をさせていただきます。

　まず、当たり前のことですが、人事制度を再構築する目的を明らかにすることから始めます。御社の場合は、定年再雇用者、非正規労働者を含む同一労働同一賃金への対応と生産性の維持向上でしたね。

　一般的に、「組織活性化(動機づけ)のため」なんて、どうとでも捉えられるようなこと目的にした会社が多いのですが、御社は非常に明確でいいと思います。目的が明確なほど、具体的な取り組みがしやすくなります。

　また、人事制度の構築には、これからお話する手続きを経る必要があり、成果物を作ることが目的化してしまったり、議論をし始めると現状に引きずられそもそも論(目的)に戻らなくてはいけなくなることが多々発生します。その時のためにも、目的は明確であるべきです。

　人事制度の構築手順は、次のとおりです。

人事制度導入・構築のステップ

	手順	内容	メンバー
フェーズ1	1. キックオフ	①社長の方針発表 ②これからのイノベーション活動について ③プロジェクトの立上げ	
	2. 現状把握	経営環境分析をするための行動計画の策定 ※部門別の環境分析も実施する	経営幹部（管理職以上）
	3. 経営環境分析のための調査・分析	①調査（特に、顧客ニーズ、外部環境） ②経営課題の確認	プロジェクト
	4. 業務調査 （職務予備調査）	①現状の業務の流れと内容の洗出し ②困難度・知識・能力レベルの確認	プロジェクト
	5. 経営課題の確認	①経営目標の確認と上記2～4の結果を受け、経営課題を洗い出す ②会社経営計画の策定 ③部門課題の検討 ④部門行動計画の策定	各部門責任者
フェーズ2	6. 新業務プロセスの構築	①経営課題および部門課題を踏まえた、新たな業務プロセスの構築 ②プロセス監視指標の設定 ③業務分析 ④職務（役割）編成および設計	プロジェクト
	7. 新組織体制の検討	①上記6の新業務プロセスを組織に落とし込む ②業務分掌の作成 ③会議体の設定	経営者層
フェーズ3	8. 人事制度の構築	①職務基準書および等級制度の構築 ②人事考課制度の策定 ③能力開発制度の策定 ④目標管理制度の策定 ⑤賃金、賞与、退職金設計 ⑥社員説明会（必要に応じて実施）	事務局
	9. 目標設定	新年度目標の設定と個人目標への展開	経営者層
フェーズ4	10. 各部門のプロジェクト活動	①新規開拓、深耕策の実行（営業） ②標準化活動 ③現場改善活動　など	プロジェクト
	11. 人事考課者訓練	公平・公正な人事考課を実施するための訓練またはコミュニケーション（フィードバック）能力の向上	一次、二次考課者
	12. 新人事制度の運用	①辞令作成 ②新人事制度ガイドブック作成 ③社員説明会	

多くのフェーズがありますが、第2フェーズからは、各部門にプロジェクトチームを作ってもらい進めていくことになります。この際、人事部はあくまでもスタッフ、事務局的な役割となります。直接部門を中心に進めていきます。

（2）制度構築において人事部は中心的役割ではない

人事部長　進め方はなんとなく分かりましたが、これで上手く回りますかね。

人事コンサルタント　これには、そうしなければならない理由があります。職務等級制度の中心にあるのは職務基準書（あるいは職務記述書）です。また、職務等級制度は職務を基準に制度を運用することから、制度内容を皆さんにもよく理解しておいてもらう必要があります。

人事部長　先生は「職務基準書」と表現されていますが、世間的には「職務記述書」といっています。何が違うんですか？

人事コンサルタント　既に（生産部門に限らず）現場にある作業標準書やマニュアルがあり、これを職務ごとに整理したものを私は職務基準書といっています。職務基準書を見れば、その職務で遂行しなければならない業務（課業、作業、スキルなど遂行要件）の全てが整理されているというものです。一方で、職務記述書は、採用のために職務基準書から主だった課業、作業や遂行要件を取り出しサマリーとして整理したものをいいます。

人事部長　ということは、現場は職務基準書で、職務ごとに業務が整理されているということですね。

人事コンサルタント　職務基準書と個別のマニュアルがあります。

人事部長　一方、職務記述書は、職務基準書の概要（サマリー）みたいなもので、これを活用して人事部門が人の募集をするということですね。

人事コンサルタント　そうです。

人事部長　スッキリしました。

人事コンサルタント　もっというと、採用の人事権の問題をどうするかというのはありますが、そもそも人事部門は支援部隊です。「この仕事をしてもらうために、こういう能力がある人間が何人欲しい」「採用できれば、このような教育訓練を実施する」を決めるのは、各部門の責任です。そもそも人事部はこれを手伝い、戦略的な視点から助言をする部門で、構築された制度の運用管理

職務記述書（画像処理職　J2級）（例）

課業名	課業内容（役割行動）	結果責任
データ確認業務	顧客要求事項（指示書・分色原稿等）の内容を把握する 原稿内容を適切に判断し、製版データを作成する 製版方式による印刷特性を考慮したデータを作成する 営業へ指示書記載事項の不備について判断を求め、確認する	① 自工程で不良を発生させないこと ② 標準時間で作業すること
前処理業務 （網掛付・アクセサリー付け等）　処理　●●	裂割割付など複雑な割付・高度なエンドレスなどを処理する 最終的な製品色をイメージしながら複雑なデータ処理をする（補足注記 色数・初校上げ、掛け合わせ・刷り重なりなどをよく、グラデーションやパターンなどを頻繁に使用しているもの） デザイン文字・書き文字・筆文字を作成する 複雑な原稿でも前見本からスキャニングしトレースする 顧客と業務上の校正（原稿内容等）について打ち合わせをする 刷見本とのカラー差がわかり、ブルーフと比較し校正する 下位等級者が作業を行った原稿を検品・評価する 製版方式に応じたデータが作成されているかを確認する	
版下作製業務		
校正物の作成、責務校業務 色校正業務		
工程内検査業務		
設備管理業務	担当機材トラブルに対して適切に判断し、処理する	設備の不具合によって、生産停止や不良（ロス）が発生しないこと
在庫管理業務	周辺機器（設備）の基礎的なメンテナンスをする 担当資材の在庫を確認し、発注・適正な在庫管理をする	決められた適正在庫を維持すること
調整業務	他工具および他部署と業務上必要な対応をする	全体最適の視点で効率を高めること
外注管理業務	納入業者・機器等と円滑に交渉を進める	社外起因での品質不良を排除すること
指導監督業務	担当職務の外注業を（版下等）と納期等の折衝をする 簡単な機器および操作マニュアル等を作成できる 部内作業機器の各操作手順書の作成ができる 営業指示で印刷し、版下（デザイン）作成または外注依頼をする 自部所起因の全不適合に至る原因を追究する	① 下位者および非正規社員が起因の品質不良を起こさないこと ② 下位者および非正規社員の作業効率を維持、高めること
改善業務	部所内作業開散時の有効活用を企画し提案する 自部所内の作業改善（ミス・効率）策を提案する 部所内の5S（3S＋清潔・躾）を徹底する	監督者と共同で自工程の生産性を高めること
業務知識	部所内全出力機の機構と機能をある程度把握した上で使用できる 分解機器操作ことをある程度処理ができる程度の知識 簡単な分色作業・版下作業の両方の作業ができる基礎知識 製版方式の違いによる印刷状態に関する基礎知識 フォントに関する知識がある（版下） デザインの基礎知識がある、簡単な作成技能がある（版下） ソフトの機能・特性やソフト間の互換性に関する知識	
遂行要件	専門学校卒業および同じ程度の教育水準 画像処理業務経験 10年以上 印刷・製版の専門的知識を有していること	

は必要ですが、権限を振りかざすような部門ではないということをこの際ですから理解しておいてください。そもそも、現場を理解していないのですから無理な話なのです。そこがどうも、日本企業の人事部は、経営者に近く、人事権を持っているがために、すごく偉そうな立場になっています。「わが社は能力主義で、従業員の成長を期待しているんだ！　それで組織を活性化させるんだ！」と当たり前のことをもっともらしくいいつつ、結局のところは自分たちの理解、手の及ぶ範囲内での制度構築にしてきたがために、人事制度の硬直性を招き、組織全体を奈落の底に陥れた一因と私は思っています。

人事部長　厳しい…。

人事コンサルタント　御社のことではないですから。一般的な、特に大企業の話ですけどね。中小企業は、経営者の力が強すぎて、むしろ人事部門は振り回されていますが…。それでも、他部門からすれば、「偉そうにしやがって」と思われていることは実際多いと思いますよ。

製造部長　……。まあ、でも実際、現場のことは分からないわけだから、本当の苦労も分かってはないわな。よく悩みや愚痴は聞いてもらってはいますけどね。あと、安全衛生なども支援はしてもらっているけど、中心は我々だからね。

人事コンサルタント　でも、中心にいる感覚ではないですよね。どちらかというと営業部門は一番という感覚はあったとしても、製造部門はスタッフより下という感じではないですか？

製造部長　そこまでの感覚はないですが、褒められない、権限ない…。できて当たり前という感じです。

人事コンサルタント　そこなんですよ。元々、コストセンターということもあって、内向きな組織になりがちなのですが、製造部門も営業同様に成果を明確にできるわけですから、生産性やコストダウン、品質や工期短縮などの改善は成果として具体的に評価できます。

　ただ、これができないのは、予算化、別な言い方をすると標準製造原価が設定されていないことによるもので、これは会社の運営方法によるもので人事制度の問題ではなく、経営管理における各部門の業績管理と業績評価の問題といえます。

　だから、多くの企業で人事制度、特に人事考課制度を再構築したところで、ある程度見えるようになったつもりでも、結局は成果には結びついていないと

いうことが多々起きているのはこのためです。「評価制度を変えれば、組織は、人は活性化します」なんていわれてだまされる前に、会社としてのしっかりとした業績管理ができる体制を作りなさい！が本当の解答です。繰り返しになりますが、なんでもかんでも解決できる、人事制度は万能！　と捉えられているようなのですが、とんでもなく間違った、詐欺のような話です。

社長　先生の話を聞いていたら、ほんと人事制度ではないな…。私が問題のところもあるけど、多くの問題を人事のせいにしていたなと思います。

2．職務分析を理解する

(1) 製造部門の職務分析で重要な「標準」という概念

①全職務で一人前（一流）は育成できる

人事コンサルタント　それでは、部長が来られる前に出ていた話なのですが、現場には標準原価はありますか。

製造部長　正確な標準原価までは残念ながらまだ出せていません。最終的な実際原価までです。しかし、多くの指標で管理はできています。それが、最終的なコストとどこまでつながっているかは不明なのですが、そう間違ってはいないです。やはり問題は、当社は成長していますので、人材の採用と定着がなければPQCDSM（生産性・品質・コスト・納期・安全衛生・職務満足）が変動するのが一番大きな変動要因のように思います。

人事コンサルタント　いや、部長の俯瞰的なご回答は、よく理解されていると思いますし、お悩みもよく分かりますし、やられてきたことも実際を確認しないと分かりませんが、今までの話の内容的に間違った方向ではないと思います。ここまでのお話を聞いていると、現場では作業標準書や標準時間の設定などはあるようですね。

製造部長　はい。改訂が間に合っていないものもありますが、人手不足で中途採用者も多く、その辺はしっかりしています。ただし、主だった工程のみで、全ての工程で揃っているかといえばそこまではできていません。

人事コンサルタント　それでは、現場作業者の成果はほぼ実際には分かっていますか？

製造部長　月次の集計では分かりますが、個人的な成果については、遡って記録類をめくらなければ特定できません。

人事コンサルタント　作業者の能力はどのように測っていますか？　力量マップで管理はしていますよね？

製造部長　力量マップはありますし、定期的に確認はしています。教育計画も作成していますが、評価は感覚的になっているかもしれません。

人事コンサルタント　ところで多能工の養成はされていますよね？

製造部長　はい。先ほどの力量マップを見て、ある作業が「独力でできる」と判断され、潜在能力あるいは意欲がある人間には、別な作業を「独力でできる」ように教育訓練を組んで計画的にやっています。

人事コンサルタント　多能工の方は現場で分かるようになっていますか？　その多能工の方の人事考課はどのようにしていますか？

製造部長　多能工だからといって特に帽子や作業服の色を変えるなどはしていません。評価は、現在の等級制度での能力評価で行っています。

人事コンサルタント　多能工にはなっているけど、その方は常に色々な作業をされているのですか？

製造部長　いや、そういう者が一部と、多くは欠員が出たときにだけ配置を組み直し作業してもらうことにしている者の方が多いです。

人事コンサルタント　最後に、各工程、作業の教育プログラムはありますか？　また、各工程、各作業で一人前になる期間はどれくらいで…というものはありますか？

製造部長　教育プログラムは残念ながらありません。都度、教えている感じです。作業の一人前の期間についても決めてはいません。

人事コンサルタント　大体、現場のイメージは掴めました。作業標準書に標準時間があるので、しっかりしている部分とそうでない部分、そしてまだ活用し切れていないところがありますね。しかし、職務基準のベースはありますので、安心しました。

製造部長　しかし、1つ質問してもいいでしょうか？　標準作業、標準時間でできない従業員はどうするのですか？

人事コンサルタント　全従業員、それぞれに精一杯能力を発揮する限りは何らかの仕事はあるはずです。例えば、検査職1級、2級、3級、梱包職1級…の

力量マップ（職務能力習熟度記録）

所属　A 工場

社員コード 氏名	No.1 技術1	No.2 技術2	No.3 技術3	No.4 技術4	No.5 技術5	No.6 技術6	No.7 技術7	No.8 技術8	No.9 技術9	合計	平均
K0001　愛知　綾子	3	3		2	3		5	3		13.0	1.4
K0003　岐阜　弘子	3	3	3	3	4				2	23.0	2.6
K0004　静岡　千賀子									2	12.0	1.3
K0005　大阪　麻紀子	3	3	3						2	12.0	1.3
K0006　兵庫　真依子							3	2		5.0	0.6
K0007　滋賀　君子										0.0	0.0
K0008　京都　祐子					2	2				4.0	0.4
平均	1.3	1.7	1.3	0.7	1.3	0.3	1.4	1.0	0.9		

ように各職務、職級ごとに一人前の基準を設定することです。

製造部長　一人前の基準ですか？

人事コンサルタント　そうです。標準時間、標準能率をレーティングして、各職級に目指す基準を定め、それを達成すれば、それは一人前であり、一流と捉えることもできます。最高位の熟練者だけを一流と考えてはいけません。

製造部長　つまり、与えられた職務において、それぞれ一流を目指せ！　というわけですね。新鮮な考え方です。

人事コンサルタント　いえ、これは標準作業、標準時間を設定した科学的管理法を説いたテイラーの言葉です。テイラーはさらに、働く気のない者はこの管理法の対象外だとも述べています。全ての従業員が、精一杯働けば職務ある限り一流になれるという素晴らしい考え方です。

製造部長　働きもせず文句や愚痴ばかりをいっている人間のことですね。

人事コンサルタント　まあ、その要因が会社側にあることの方が多いことも事実ですが。

製造部長　…。確かに。でも、それが職務を明らかにするということでもあるんですね。

② 「標準」があるから教育訓練が上手くいく

人事コンサルタント　ところで、人事部長、私が何のために、先の質問で確認してきたか分かりますか？

人事部長　なんとなくですが分かります。職務基準書につながる資料の確認と、人事考課の確認のように思います。

人事コンサルタント　良かった、その通りです。

　職務等級制度の要となる職務基準書は、作業標準書があれば作ることができます。作業標準書には作業手順の他、使用工具、使用材料やおそらく作業上の注意事項、作業のポイントなどが記されていると思います。この作業の分析によって、どの程度の知識、能力、熟練度が必要なのかは分かってきます。世間でいわれている職務分析は、まさにこのことです。人事管理上、その職務に必要な要件を明らかにすることをいいます。そして、その人事管理のための職務分析の前に、作業を観察して、手順を表に出し、改善し、標準時間を設定することをオペレーション職務分析といっています。

人事部長　なるほど。我々は、現場にある物を、活用してもらい、職務基準書にまとめてもらう、ということでいいということですね。

人事コンサルタント　その通りです。作業はしてもらっているのに作業標準書がない場合は、基本、作成してもらった方がいいですね。それは、人事管理上というだけでなく、やはり作業を安定化あるいは教育指導にブレが生じないようにするためです。人によって指導方法や言葉が違うと、作業者は戸惑い、ミスをするものです。思い込みがやがて大きなクレーム、事故につながる場合もあります。

製造部長　なるほど、その通りです。なんで何か月もたってこんな不良やミスをしたんだ！　って思うことがあります。これらをコミュニケーションミスやヒューマンエラーとして処理していますが、実際は、教え込んでいないんですよね。

人事コンサルタント　そうだと思います。あと、人事考課についてですが、作業標準書があり、標準時間が決まっているなら、結果だけで評価可能ですよね？　ただし、個別の集計は必要ですし、標準時間でできているかの確認は必要です。

製造部長　基本、個人的に、日々可能と思いますが、標準時間で作業できているかどうかは難しいかもしれません。

人事コンサルタント　ということは、工程を正確に管理していないということですね。

製造部長　そうなります。

人事コンサルタント　では、御社の場合、ロット生産ですので、作業の開始と終了の時間を日報に記録させることと、監督者がその日報に遅れ（標準時間でできていない場合）が生じた原因を記しておけば、作業者本人に起因するものか前工程やそれ以外に起因したものか判断できますよね。

製造部長　毎日ですか？

人事コンサルタント　そうです。日々改善であり、そのための日報の活用は絶対です。先ほどの話でもありましたよね。人材が安定しないと生産性は維持向上できないですよね。同時に、評価を正確に把握するためには、客観性が必要で、それは標準時間内にどれだけのことができたのか、つまり標準能率であり標準時間です。

製造部長　そうですね。監督者が足らない、能力不足の中でやるのは厳しいですが、そうしないと良い会社にならないことはよく分かります。

人事コンサルタント　その確認は日々でもいいですし、定期的にでも構わないと思います。改善の段階をどう作っていくかですから。ただ、始めは日々でしょうね。

　あと１つ。標準時間でできるようになるのは能力があっても熟練度が必要です。つまり、習熟期間です。これは１年、３か月の場合、３日の場合、作業の難易度によって違いますがこれもおよそ決めておくべきです。これが、標準者の目安であり、教育指導目標でもあり、一人前になった時の賃金という認識を作業者も指導者も持てることになります。そのためにも、一人前になるまでの教育プログラムは絶対ですし、これと比較しながら新人の能力を細かくチェックし、次の新人の教育に活かせることもできるようになります。新人の能力が低いのか、指導者側の教え方がバラついているのか、低いのか…も、標準的なプログラムを持っていれば判断できるようになります。

製造部長・人事部長　なるほど！

③職務の要件と重要な４つの執務基準を知る

人事コンサルタント　あと、賃金の問題ですが、これには職務と職務評価を理解する必要があります。

製造部長　職務は仕事のことでしょ？　あと、何でした…？　あっ、職務評価？　全く聞いたこともありません。

人事コンサルタント　そうですよね。それではまず、職務についてお話します。職務には「三面等価の原則」があります。これは、やらなきゃいけない義務（職責＝ responsibility）、そのために持たせなければいけない権限、そして、その義務を実現したときにどんな成果が出るのかという結果責任（accountability）。この３つをしっかりと認識させなければ、職務は明確になっているとはいえません。先

三面等価の原則

ほど、職務調査の話の際にもお伝えしたのですが、これまでの能力主義管理の中で職務を明確にしてこなかった日本では、職責と結果責任がつながっておらず、このため「職責（義務）＝能力＝結果」となっていないことが問題でした。

人事部長　三面等価ですか、分かりやすいですね。

人事コンサルタント　しかし、このバランスが多くの企業、特に中小企業で取れていません。何だと思いますか？

人事部長　権限ですか？

人事コンサルタント　そうです。権限も委譲せず、目標を決められ結果を求められている。そこで、従業員たちは疲れ、不満となる…この循環です。これは、ハラスメントの温床にもなっています。したがって、職務等級制度をしっかり運用する際には、職務権限規程を用意するようにしています。

社長　権限を与えているつもりなんだけどなぁ。

人事コンサルタント　つもり…であっても、社長は絶対ですからね。社長の一挙手一投足、注目されていますよ。だからこそ、朝令暮改は最悪なのです。ある会社では、「うちは朝令暮改どころか朝令朝改ですよ。そんなんで、何ができますか？」と管理職が諦めていました。

社長　私も気をつけないといけないな。

人事部長　しかし、職責（義務）を明らかにすることと、権限を付与することで、その範囲内ではあるけど自己裁量で動けるということですね。職務って、非常に分かりやすいですね。

人事コンサルタント　いえいえ、まだあります。では、職責とは従業員が遂行しなければいけない義務ですが。この職責は4つの基準で定義することになっていますが、何だと思いますか？

人事部長　まず目標、つまりどれだけの量、質を達成するか、ですか。

人事コンサルタント　まずはそうですね。量的基準、質的基準といいます。他は？　製造部長はどうですか？

製造部長　いつまでに？という納期ですかね。そうですね、時相基準ですか？

人事コンサルタント　流石ですね、その通りです。では、あともう1つ。いかがですか？

人事部長・製造部長　んー？

人事コンサルタント　これ意外と出てこないのですが、方法基準です。どうい

職務権限規程　別表（例）

区分	項目	稟議	グループリーダー	マネージャー	総務	本部長	専務	社長（取締役会）	備考
A 予算と実行計画	1．工場別売上／経常利益予算			▽	▽	▲	>	○	全社会議開催
	2．行動計画・方針								
	a．工場別設備投資計画予定案（1～3年）			▽	▽	▲	>	○	全社会議開催
	b．工場別人員計画			▽	▽	▲	>	○	全社会議開催
	3．全社教育計画			▽	□	○	>	◎	
B 組織・規定・人事・雇用	1．諸規定の制定改廃			▽	▲	▽	▽	◎	全社会議開催
	2．人事異動に関する事項								
	a．部署の組織および人事案（工場内）	●		▽	>	▲		◎	立案本部長以外は稟議参画
	b．監督職の任命・解任	●		▲	>	>		◎	本部長の事前承認必要
	c．工場および営業所間異動	●			▲	>		◎	本部長は立案参画
	3．雇用に関する事項（承認工場別人員計画内）								
	a．正社員／派遣社員	●		▲	>	>	>	◎	本部長の事前承認必要
	b．パート／長期アルバイト（3ヶ月超）		▽	▲	○	◎		□	
	c．定年嘱託	●		▲	>	>	>	◎	本部長の事前承認必要
	d．アルバイト（3ヶ月以内・更新無し）		▽	▲	□	◎			
	e．特別嘱託	●		▽	>	▲	>	◎	本部長以外は稟議参画
C 労務関連	1．出張の命令								
	a．短期宿泊出張および100km以上の日帰り出張		▲	◎	□	○			
	b．宿泊5日以上の長期出張			▲	○	◎	□	□	
	2．普通、早朝時間外勤務の命令		▲	◎	□				
	3．深夜、休日時間外勤務および振替勤務の命令		▲	○	○	◎			
	4．変則勤務体制立案実施	●		▽	>	▲		◎	立案本部長以外は稟議参画
	5．有給・特別休暇、遅刻早退等の届出承認		○	○	□	◎			
	6．休職・休職期間延長・復職の承認	●		▽	>	▲	>	◎	立案本部長以外は稟議参画

※立案▲・立案参画▽・事前承認○・稟議書回付>・決裁◎・事後報告□

72

う方法、手順でするのかも、実は職責の基準なのです。

人事部長・製造部長　なるほど。

人事コンサルタント　だからこそ、「後は任せたから！（自分で考えてやって
みろ！）」は最悪のマネジメントなのです。自分がおもいつかないことを部下
に押し付けたうえで、結果が出なければ叱りつける。部下からすると、「後は、
責任とるから！」といってたんじゃないの？　もう付き合ってられないわ！
となるか、ハラスメントで精神的に参ってしまうか…。

　だから私は、目標管理研修などで、まず部下に目標設定させる前に、①自分
が部下の立場なら、何をどう書くか、つまりどう動こうとしているか、そして
②管理職の立場からするとどう動いて欲しいか、の２つのことを明らかにして
もらってから、部下に考えさせ、それを互いに確認し、検討してから進めるよ
うに指導しています。

　話を戻しますが、職責には４つの執務基準があることをよく覚えておいてく
ださい。特に、方法基準が重要で、これがなければ目標は達成することはでき
ませんから。そして、方法基準を明らかにするためにも職務分析は必要となり
ますし、生産性はここで決まるといっても過言ではありません。日本の生産性
が向上しないのは、この職責を曖昧にしたまま経営をしていることです。

人事部長・製造部長　よく分かりました。

製造部長　現場は確かにこのやり方をすれば、この時間で、何個できると決まっ
ています。他の職種もそうあるべきということですね。

人事コンサルタント　そうです。特に、ホワイトカラーはその辺がいい加減に
なる傾向にあり、ゆえにホワイトカラーの生産性がずっと大きな問題になって
いるわけです。

人事部長　分かりました。

職責の執務基準
①どれだけの量を仕上げなければならないか（量的基準） ②どれだけの正確さ、出来栄えに仕上げなければならないか（質的基準） ③いつまでに、またはどれだけの時間の範囲で仕上げなければならないか（時相基準） ④どのような方法でなされなければならないか（方法基準）

④職務の括り方

人事コンサルタント　それでは、もう1つ。職務の括りをどう捉えたら理解しやすいか、具体的にお話します。

　1つのA作業（その作業者にとっては課業）を毎日繰り返しやっているX作業者、1つのB作業を同じようにやっているY作業者、A、Bの2つの作業を毎日繰り返しやっているZ作業者、あるいは難易度の高いD作業を繰り返しやっているW作業者がいるとします。

　それぞれA、BだけをやっているX（A組立工）とY（B組立工）と、A、B両方の作業をやっているZ（C組立工）、組立工という職種は同じですが作業内容は異なります。ただ、作業の難易度は同じですし、8時間の中でやる作業量も時間当たりでいうと同じです。これらの組立工（A組立工、B組立工、C組立工）は組立工1級の職務として括ります。同じ組立工でも難易度が高いD作業はD組立工として組立工2級の職務とします。当然、組立工2級も同程度の作業（課業）をしている組立工があるのであれば組立工2級の中に含まれることになります。色々な職位があったとしても、最終的には職務分析をした結果、職務設計を行い、職務に括っていくことになるわけです。

製造部長　基本は職位だけど、それを難易度で職務に括るということですね。しかし、なんでそんなことをするのですか？

人事部長　それは、職位でやるよりも、職務に括った方が、人事管理がしやすくなるということではないでしょうか。

人事コンサルタント　その通りです。

製造部長　なるほどね。難易度を明らかにするためにも職務分析が必要というわけですね。観察すると難易度は明らかになりますからね。では、「職務評価」というのは何ですか？

人事コンサルタント　先ほどの組立工1級、組立工2級という職務がありましたよね。1級、2級というのは職級といいます。組立工1級と組立工2級は難易度が違いましたよね。つまり、知識、習熟度、判断力などで2級が1級より高い能力が必要で、価値があるということになります。

⑤組織に必要な職務を明らかにし、キャリアを積ませる

人事コンサルタント　ところで、「できる人間にだけ仕事が集まり、結局、メ

ンタルダウンするか、退職する」といいますが、御社ではどうですか？

社長 うちも例外ではありません。でも、できる人間に仕事が集まるのは、過去からどの会社でも同じじゃないですか？　昔とは違い、そういう人間は辞めることはなかったのですが、最近の若い層は退職をしていきますね。

人事コンサルタント できる人間に仕事が集まるのは当然ですが、先の話、それが職責として始めから担わせているのであれば本人も納得するでしょうけど、仕事をしない人間を横目に、"なんで私にだけ…"といい気にはならないでしょうし、まして、背負わされた仕事で納期が遅れたり失敗すると、上司から叱責されるとなると、「えっ、なんで？　元々、私の仕事ではないですよ…」とやり切れない気持ちになるのは当然のことです。それがいくら上役が「期待しているんだから、頼むよ！」と話していたとしても、何のフォローもなく、先輩や同僚たちは見て見ぬふりをしているわけですから、たまったもんじゃないですよ。

人事部長 そうですね。おかしくなっても不思議じゃないですね…。

人事コンサルタント 責任を背負わされている分、他の人より賃金が上がるならまだしも、そうではなく、失敗によりもし評価が下がるようなら、まあ普通は辞めますよね。

海外であれば、職務内容の変更は交渉によって賃金に反映されるのが当然ですが、日本は職責を明らかにしていませんから、非常にルーズな運用になってしまっています。つまり、課業が追加変更されるなど新しい職務になるのであれば、その職務評価を実施し、この結果に相応しい賃金を支払うようにするべきです。

人事部長 職務等級制度ではそれはできるのですか？

人事コンサルタント できますよ。ただ、職務基準書を作成し、職務評価をするか、基準職務と比較してどのグレード（等級）が適切かの判断は必要です。

人事部長 そんなことしていたら、職務が増えませんか？

人事コンサルタント 今はその括りが無いのだから、増えるというか、仕事が明確になるという表現が適切です。でも、それの何が問題なのですか？　納得性のある人事管理、その人間の公正な賃金と人事考課の話をしているのですから少なくとも今よりは良くなる話です。

人事部長 しかし、職務が増えるというか、これが明確になると、管理が大変になりませんか？

人事コンサルタント　部長が仕事の管理単位をどう捉えているか…ですが。少し確認しますが、従業員が200人の御社でどんなイメージを持って「大変になります…」といわれましたか？　まさか、「200人200職務」なんて考えていませんよね？

人事部長　あっ、そこまでまた考えてしまっていました（笑）。

人事コンサルタント　そうでしょ、また（笑）。それは職位の定義です。日本で職務等級制度に誤解があるのはそこなんです。

　単純に考えてみてください。自動車工場のライン作業者は100工程あれば、100職務ですか？　そうではないですよね。自動車の部品ごとにいくつかの工程に分かれており、その工程によっては一人で組付けを担当することもあれば、数名から10数名のチームで組付けを行う色んな部品をそれぞれが車に組み付けています。当然、それぞれの手順書もありますが、大きくは職種で捉え、その中で同程度の課業（1日の担当作業とその標準作業量）で職務は括りますから、人数分の職務が!?　というのは全くの誤解です。

人事部長　失礼しました。つい、職務と職位を混同してしまいます。難しいですね。

人事コンサルタント　そうなんですよ。これが、染み付いてしまっているわけですから、頭をよほど切り替えなければ難しいということです。しかし、これが人事管理の原理原則です。細かく丁寧に管理するなら、職位でもいいのですが、それは流石に無理ですよね（笑）。

人事部長　もういじめないでください（笑）。

人事コンサルタント　話を少し戻しますが、本当に先のようにできる人間に、「こんな仕事もして欲しい。そういう人間が必要」というのであれば、職務をちゃんと設定し、そういうキャリアが存在することを社内的に見せるべきです。全員が全員そのキャリアを希望するわけではないですが、違いを明らかにするだけで、本人も納得するでしょうし、何よりも人事管理面での公正さも向上するというものです。

　あと、話の根底に、「仕事の中身なんて全部決められるわけがない」と思われていませんか？

人事部長　それは、そう思っています。

人事コンサルタント　そして、本当に、毎日あれこれと違う仕事が発生し、そ

んなことまで職務内容に整理できるはずがないと思い込んでいませんか？

人事部長　少し思っています。

人事コンサルタント　実際、本当にそうですか？　起きている事象（事件）は変わっても、その処理の仕方は既にやっていることばかりですよ。本当に、目新しいことが毎日のように起こるのであれば、会社は炎上して、いずれ倒産しますよ。多くの仕事はほぼ分かった処理をしているはずです。

人事部長　そうですね。職務をまた極端に捉えてしまっていました。

人事コンサルタント　標準化がどこまでできるのか…という議論は当然ありますが、まずは、こう考えてみてください。100％完全な制度なんてないということと、そして、従業員に出して欲しいのは結果、職責の全うなんだと。

⑥努力、労働時間と働きは違う

社長　「職責の全う」はその通りと思います。社長の私も同じです。しかし、職務給はやはり何となく冷たい気がします。なんというか、従業員の努力を認めないというか、時には長時間労働をしているその苦労をねぎらってやりたいというか…。

人事コンサルタント　努力って職務に対してなら、それは全職務そうです。結果がでていないことに対して「努力が足らないからだ」と日本では努力を精神的状態とよく捉えますが、努力とは"持てる能力で職務を全うする（行動する）こと"です。成果に結びつかない努力はないとするならば（これには違和感を覚える方もいると思いますが…）、つまり、成果が出ていない場合、能力が足らなかったことになります。

　またこの言葉には大きく3つの過ちがあります。1つは、その職務を遂行する能力がなかった人材を配置してしまった会社側の過ち（責任）、もう1つは、人間の能力は皆等しくできない人間はおかしいという誤った人間観、最後の1つは、快く長時間働く（協力的な）者は努力し真面目に働く者だという間違った仕事観です。人間の個々の能力は生まれながらにして異なります。個々の適性を見て、適職に配置する、そして指示された時間、職務を全うすることは当然で、長時間働いたところで標準（基準）能率で働いたかどうかが問題であって労働時間の長さに働きの本質があるわけではないのです。努力の捉え方が精神論ですから、人間観や仕事観まで精神論になっているという悪い癖です。こ

れがまた「日本人とは…」な〜んてことになるので話が一層ややこしくなるのです。結果を出しているうちは日本人的精神論も通用してきたのですが、もう失われた 30 年ですよ。というか、「根底から間違っていた」と反省すべきなんだと、過去の先輩方に敬意を払いつつも私はそう思っています。

社長 努力の概念、職務への考え方がよく分かりました。当社は、一時停滞したこともありましたが、成長し続けていることを考えると努力は一応間違っていなかったということにもなりますね。

　そして今、次の成果を求めて、どのような努力（行動）をすべきなのかを検討しているということになるんですね。

人事コンサルタント その通りであり、素晴らしいことだと思います。これを準備活動、間接努力といいます。努力は精神活動ではなく、努力とは実際の行動のことで、間接努力とは次への準備活動のことです。

(2) 職務価値の自覚と賃金の額で職業観は芽生える
〜年功賃金の弊害を理解する〜

人事コンサルタント さて、この職務の価値の違いは何で社員に応えてあげるのでしょうか？

製造部長 賃金ですか？

人事コンサルタント その通りです。組立工 1、2 級だけでなく、塗装工や機械オペレーターもそれぞれの職種で職級があります。もちろん、検査職や物流職もいます。それぞれの価値を算出し、序列化する必要があります。

製造部長 職務の価値の序列で賃金が変わるということですか？

人事コンサルタント そうです。能力等級はいつの間にか年功化していき、いつのまにか勤続年数が格差の根拠づけとなってくる傾向にあります。しかし、賃金を上げようと思えば、等級が上の仕事を目指す。同じ仕事をし続けていても賃金が上がり続けることはありません。

製造部長 なるほどね。しかし、しんどいですなぁ。

人事コンサルタント しんどいのが仕事ですよ。でも、厳しいようですが、今とはそう変わらないと思います。基本、難しい仕事ができるように階段を上がっていっているのがほとんどと思いますが、おそらく部長が、「しんどいですなぁ」とお話されたのは、そうでない中高齢者の方を思い出したのではないですか？

製造部長　当たりです（苦笑）。年功で上昇した賃金を自分の実力だと勘違いしている。仕事は部下の方がレベルも高いのに、です。

人事コンサルタント　よくあることです。年功による基本給は今後さらに問題化してきます。再雇用になった際に「なぜこんなに賃金が下がるのか!?」と。会社側からすると「いや、仕事レベル的には、現役時代もそうなんです」とはいえません。

人事部長　考えてみれば、年功賃金って罪ですよね。

人事コンサルタント　習熟技能が問われた時代には、年功基準が普通と考えられてきたのは事実ですから。御社はまだ成長されているので、組織はまだまだ大きくなり、ポスト、ポジションも増えますから上の等級に異動は発生します。問題は、成長が止まったときです。

社長　そうですね。成長が止まると、上のポスト、ポジションが埋まり、下から上がれなくなるんですよね。

人事部長　そのために、賃金も大きく上がることはなくなる。

人事コンサルタント　その通りです。しかし、考えてみてください。利益が減少していく中で、仕事も変えることがなく、賃金だけを上げなければいけない…という状況は経営的におかしくないですか？

社長　そう思うことはあります。過去には銀行に借入れお願いしてまで賃金を支給したことがあります。辞められても困るので。

人事コンサルタント　それで、その時に社員は感謝をし、ロイヤリティが高まったと思いましたか？

社長　一部にはいましたが、ほぼいなかったでしょうね。

人事コンサルタント　悲しい話ですよね。経営者は苦労して資金繰りをしているのに、社員はそんな苦労も分からずもらって当然です。逆にいうと、賃金はモチベーションにはならないという証明でもありますが…。つまり、仕事と賃金との関係ではなく、（会社との関係で）社員である以上、賃金をもらって当然と思っていますから、この職業観そのものを変えていくことも必要ということなんじゃないかと思います。もっというと、管理職たちもそうなのかもしれませんけど…。

製造部長　あー。否定はしません。

社長　おいおい、困ったもんだなぁ。はぁ。

3．仕事を洗い出せ　〜職務分析の種類と活用方法〜

(1) 人事管理上の職務分析の方法

人事部長　これから職務等級制度を構築するにあたり、非常に重要となる職務分析のやり方を教えてください。

人事コンサルタント　分かりました。職務分析には、先ほどもお話した現場の作業標準を設定するためのオペレーション職務分析と人事管理上の職務分析があります。

　それでは、後者の人事管理上の職務分析からお話します（下記、資料1、2を配布）。これは、現在、大企業も含めて職務記述書を作成するために多くの企業で使用されている方法です。

資料1

　まずミッション、ビジョンおよびバリュー・ステートメントなど企業理念を確認し、自社の成功の基準（要因）を見極め、その基準を満たす職務に求められる業務を書き出していきます。
　この際、成果を出すことを強く志向しながらその職務に期待される業務を次の手順で記述していきます。

① この職務において達成できる可能性のあるタスクおよび責任をブレインストーミングすることで、包括的に初期リストにしていきます。
② リストに優先順位をつけ、どのタスクが最も重要か、その理由は何かを判断します。
③ 優先順位の低いもの（上位10〜12項目以外のタスク）を排除し、初期リストを修正します。この際、なぜある仕事が他の仕事よりも重要なのか、その理由をメモしておき、後でさらに修正あるいは更新をすることになった場合などに、これらのタスクが重要とされた理由を再確認することができます。
④ 修正リストの内容が、ミッション、ビジョンおよびバリュー・ステートメントの視点から適正であり、公正であることを確認します。
⑤ このタスクに必要な次の要件を明らかにします。
　－教育要件（上級学位など）
　－トレーニング要件（証明書やライセンスなど）
　－知識要件（スキル、能力、特定のツール、言語、ソフトウェアプログラムへの習熟度）
　－職務遂行に必要な具体的経験
　－業務上必要な身体的要件
⑥ 職務の簡単な概要をまとめます。（職務記述書では最初に出てきます）

　この作成方法は、職務の定義と職務記述書の作成は、現在のチームを見直し、会社のニーズの変化を見極め、そのニーズに対応できるチームを準備できているかどうかを確認できる絶好の機会になります。しかし、当然のことながら職務の重要タスクとはいえ全タスクの一部であることや、また職務間の業務の連係も曖昧にならざるを得せん。このため、次のような情報源から、今後の変化に関する情報を得ておくことが大事です。

資料2

－上司との話し合い：上司が大きなチームで何を達成しようとしているのか、常に把握しておきます。

－会社の会議：会社の目標や、あなたのチームに直接影響を与える可能性のある今後の課題について議論しておきます。

－部門横断会議：他部門の意見（ニーズ）を聞き、これを満たすための、より効果的な仕事のやり方を考えます。

－政策や法律の変更：自分の仕事のやり方を変える必要があるかもしれない外的要因について、常に最新の情報を得ることで、自身の領域において適切な存在であり続けることができます。

－最新版業務マニュアル：一般的に、他職務、他部門のことを配慮せず、自職務、自部門最適でマニュアルを更新している場合が少なからずある。このため、品質上の問題が生じやすい他職務、他部門との連係業務部分を常に確認しておきます。

－外部組織、ネットワークグループ、または専門学会：同じ分野の他の専門家と交流することで、新しい方法論、ツール、トレンドに触れ続けることができ、自身のスキルや能力を常に最新の状態に保つことができます。

　そのうえで、自職務と比較的多く交流がある人を数人選び、彼らに職務記述書のコピーを渡し、次の質問をすることで、確認していくのもいいでしょう。

　①要約は仕事の本質をとらえているか？

　②重要な機能（役割）や責任に抜けはないか？

　③これらの責任や要件は、この職種にとって妥当と思われるか？

　④この職務記述書に対して、あなたは積極的に取り組むか？

人事部長　様式に自分で考えてまずタスクを埋めていくという感じですね。これなら簡単に作れそうです。

人事コンサルタント　ご参考までに、今後のことを考えこれに付け加えると、

アメリカでは障害者差別が行われないよう、身体的な職務要件（持ち上げる、手を伸ばす、曲げる、運ぶ、歩く、あるいは異常な暑さや寒さにさらされるなど）は、障害を持つ応募者がその要件に基づく不採用に異議を唱えた場合、綿密に精査されることになります。日本では職務記述書そのものが一般化されていないのでまだまだですが、いずれこのような対応が迫られてくるようになると思います。

(2) オペレーション職務分析を理解する

社長　確かにそうだけど。それなら、今とあまり変わらないような気がしますが。非常にざっくりですが今でも当社には職種別、等級別の職能基準書があります。そこには、独力でしなければならない課業が等級別に明確になっています。

人事コンサルタント　職能資格制度でも職務調査をしっかりされている会社には職能基準書は揃っています。1990 年以前にはしっかりとやっている会社も多くありましたが、90 年以降はどこかの会社の制度をコピペしたり、Web サイトからダウンロードしたようなほんといい加減なものが増えました。

　ただ、この職務分析手法も同じですが、最大の問題は、職務再設計をしていないため、職務内容は曖昧なまま、生産性の追及もせず、業務遂行上の課題を解決しないまま、人事管理のためだけの資料を作成しているところです。

　職能基準書が職務記述書と異なるのは、この手法であっても職務記述書は、あくまでも個別職務の内容を記述したものであることと、知識、能力、技能習熟度の精度はもちろん、成果責任およびこれに付随する権限を明確にできていることなどがあります。

　でも、職能基準書が存在することは素晴らしいことと思います。ただ、更新できているかどうか、というところで大方の会社が怪しくなるんですよね…。

人事部長　いやー、ご指摘の通りです（苦笑）。

人事コンサルタント　それでは、次に、もう 1 つのオペレーション職務分析についてお話します。

　これは既にお話したように、現場改善の手法です。とにかく、課業とその手順を書き出します。現場改善の場合は動作、微動作まで分析しますが、そこま

では必要ありません。

　というよりも、逆にいうと、現場にある動作分析や改善をした結果の作業標準（作業マニュアル）があれば、もうこれを活用して職務記述書を作成することができます。分析した際に、知識、能力、スキルは分かっており、それを整理するくらいです。

　先ほど、確認しましたが、御社は更新こそ怪しいところがあるものの、作業標準がありますので、これを更新したうえで、整理することになります。

　ただこの際、現状の課題を整理しておく必要があります。つまり、目標としている生産量、稼働率、歩留率、リードタイムなどがあるのに、それが達成していない原因とその対策です。

　この原因をしっかり行動に落とし込み、作業標準を変更することが必要となります。生産側の作業は単位当たりの標準時間が設定されているので、各作業（工程）の流れができますし、不良率などもカウントできますから成果責任も定量化できます。御社の場合はそう難しい話ではありませんが、作業分析をしていない会社の場合は、ここから始めなければいけませんし、流れができるように職務設計もし直さなければいけません。

人事部長　人事制度なのに…。

人事コンサルタント　そうです。職務の難しさを明らかにすること以前の問題として、職務というものを明確にすることが、この人事制度の基本ですので避けて通れないのです。世間には「ジョブ型」の本がたくさん出ていますが、先に話した人事管理上の職務分析、つまり職務記述書を整理する程度で、職務設計などは全く触れられていません。これは、人事部門の領域ではないからです。製造部長、そう思いませんか？

製造部長　そうですね。作業の流れが分かっても作業の難しさは分からないし、職務設計なんて、人事部には分からないわな。生産ラインを作る、そして流れを作る、そこにスキルある人間を割り当てるというのは、現場の責任者でもかなり高度な領域ですからね。でも、これをしなければ生産性が上がらない。しんどいことなんですよ。

人事コンサルタント　そうです。だから、既に述べましたが、職務記述書の前に作業標準（マニュアル）や職務基準書なのです。人事部門は、各部門に依頼して、「職務記述書をまとめてください」としかいいようがないのです。ゆえ

に、海外での人事部門責任者の職務評価結果の順位は低いということになります。海外の場合、人事部は人事権を持っていませんし、サポート部隊に徹しているということです。

人事部長　偉そうにしているつもりもないし、そういう部門ではないんですけど…。しかし、そう思われているのは分かります。

人事コンサルタント　社長に近いですからね。特に、御社の実態はどうか分かりませんが、社長に振り回されているかもしれませんが、社長の言葉を伝える、しかもその内容が人事的な話となれば、まあ、普通は偉い立場に周りからは見えますわね。

社長　気を付けないといけないですね。

人事コンサルタント　その意味でも、職務を基準にするのは、職務分析などによって組織構造も整理できますので、曖昧なことで振り回されることはなくなってきます。職務を理解さえすれば…ですけど。

（3）ホワイトカラーの職務分析を理解する

①ホワイトカラー職務が抱えている課題

人事コンサルタント　さて、ここからは現場ではなく、営業や総務人事部門などホワイトカラーの職務分析についてお話します。私の場合、プロセス展開表を活用した職務分析を行います。職務分析というよりも業務分析に通ずるものですが、考え方は生産現場の作業分析と同じです。この手法を選択しないのであれば、先の人事管理上の職務分析となりますが、私はホワイトカラーの生産性を向上するために、既にお話しましたが、暗黙知を形式知化していくことがとても重要と捉え、課業と作業の整理からすることにしています。

　それでは、こちらをご覧ください。これが、私が職務分析、業務分析のために開発したプロセス展開表です。

　これを作成するためには、事前に職務予備調査を行い、各部門の課業を洗い出してから、臨みます。いきなり、プロセス展開表を配付し、説明したところで、この表に使われている用語で混乱しますから、まずは業務の棚卸しをしてもらうことからゆっくり慣れていただくように導入していくことにしています。

人事部長　なるほど。過去の職務調査もそうでしたが、帳票を配付して、説明

をしたんですけど数行書いて終わっている者が多くてとても苦労しました。

人事コンサルタント　御社の場合、マニュアルが充実しているので、課業もその具体的な課業内容（作業）は書くのは比較的簡単だと思います。ただ、マニュアル化していない部門は相当に苦労するでしょうね。

社長　うちは営業だな…。

人事コンサルタント　御社に限らず、営業はマニュアル化されていない会社が多いですね。先ほど、業務の標準化の時にも、いかに暗黙知を形式知化していくかでお話しましたが、相手の反応を見ながら折衝や企画提案をしていくなど難しいのは確かですが、やはりそこは最善を追及していく精神がなければ進化はありません。特に、一匹狼で、やっていることがてんでばらばらな状態では、効率的な営業だけでなく、効果的な管理もできません。そこは、頑張ってやっていることを表に出す表順化から始め、最善の営業方法を目指した標準化への努力はして欲しいですね。

社長　その通りです。例えば、今の大阪支店長が定年で辞めてしまったら、たちまちうちは立ち行かなくなるようにも思っています。

人事コンサルタント　その人の人間力にのみ頼ってきていた、つまり、教育ができていないということですね。

社長　そうです。彼が、当社の顧客を全て把握し、適任だと思った人間を顧客に貼り付けているだけですから、実際、本当にそうなのかどうか誰も確認はできませんが、今のところ実績は上げているので正解なんだろうとは思っていますし、彼が顧客を抑えているだけのような気がします。彼に代わる人材をとにかく早く育てなければ、定年再雇用でその役職を数年続けてもらったところで、その先の心配は解決しませんから。

人事コンサルタント　今の話を聞いていると、むしろ営業だけでもしっかりと職務分析をしていただかなければいけない感じですね（笑）。

②暗黙知を形式知化するだけで思考体系まで変わる

人事コンサルタント　職務分析をし、職務設計でできる職務は、高いレベルでの標準化が図られています。これも非常に勘違いされているのですが、課業をいくら標準化したとしても、その課業内容である行動には必ず改善行動を促す行動が入ります。これをどれだけの改善案を考え出すか、その達成度で更に標

プロセス展開表

| | 部署 | | 作成者 | |

	A	B	C	D	E	F	G	H
単位業務名								
単位業務レベル								
単位業務成果指標								
課業名								
課業レベル								
機能内容(P・D・C・A)								
成果指標								
業務リスク								

1

作業の流れ他

	A	B	C	D	E	F	G	H
機能内容(P・D・C・A)								
インプット								
アウトプット								
関連プロセス								
KPI（先行指標）								
知識・能力								
レベル								
遂行上のリスク								

2

	A	B	C	D	E	F	G	H
機能内容(P・D・C・A)								
インプット								
アウトプット								
関連プロセス								
KPI（先行指標）								
知識・能力								
レベル								
遂行上のリスク								

3

	A	B	C	D	E	F	G	H
機能内容(P・D・C・A)								
インプット								
アウトプット								
関連プロセス								
KPI（先行指標）								
知識・能力								
レベル								
遂行上のリスク								

4

	A	B	C	D	E	F	G	H
機能内容(P・D・C・A)								
インプット								
アウトプット								
関連プロセス								
KPI（先行指標）								
知識・能力								
レベル								
遂行上のリスク								

5

	A	B	C	D	E	F	G	H
機能内容(P・D・C・A)								
インプット								
アウトプット								
関連プロセス								
KPI（先行指標）								
知識・能力								
レベル								
遂行上のリスク								

6

	A	B	C	D	E	F	G	H
機能内容(P・D・C・A)								
インプット								
アウトプット								
関連プロセス								
KPI（先行指標）								
知識・能力								
レベル								
遂行上のリスク								

7								
機能内容(P・D・C・A)								
インプット								
アウトプット								
関連プロセス								
KPI（先行指標）								
知識・能力								
レベル								
遂行上のリスク								

8								
機能内容(P・D・C・A)								
インプット								
アウトプット								
関連プロセス								
KPI（先行指標）								
知識・能力								
レベル								
遂行上のリスク								

9								
機能内容(P・D・C・A)								
インプット								
アウトプット								
関連プロセス								
KPI（先行指標）								
知識・能力								
レベル								
遂行上のリスク								

10								
機能内容(P・D・C・A)								
インプット								
アウトプット								
関連プロセス								
KPI（先行指標）								
知識・能力								
レベル								
遂行上のリスク								

準化のレベルを上げることになります。

　また、業務をどこまで標準化できるのかには限界はもちろんあります。しかし、できる限り、暗黙知化してしまっている行動を形式知化していくことを怠ってはいけません。

人事部長　暗黙知を形式知化…ですか…。

人事コンサルタント　よく営業が一匹狼的で真似できないといいますが、訓練によって体系的思考が習得できることは間違いありません。私が今、このコンサルティングができているのは、私の上司の鞄持ちを３年半しているからです。顧客と上司の対話とその後の質問で上司の思考を確認していました。そのうち、上司の発言の意図がくみ取れるようになり、先読みができるようになりました。知識も当然必要ですが、上司の思考だけではなく、対話の内容から顧客の背景を想像できるようにもなりました。そうなると診断報告書など資料の作成も、上司の判断で事実の確認とその記述から、分析、課題の抽出から仮説構築と経験、成長段階に合わせて部分的に任せられるようになりました。結果、独力でできるようになりました。営業に関しても同じです。セミナーの企画などもこれは上司だけでなく、他部署の先輩のセミナー案内の分析から入り、そうなっている背景や訴求点などを確認していきました。

　質問すれば出てくる思考体系以外は、先輩の行動の観察、読んでいる書籍、雑誌のチェック、特に食事中や喫煙中での先輩の悩みとその背景、そして考えている解決策とその理由をしつこく聞きました。とにかく行動の背景にあるものや、行動とその思考の背景や思考過程はほんと大切にしましたね。

人事部長　具体的にはどのようなことをされたのですか。

人事コンサルタント　当時の私は、ノートに上司や先輩と顧客の対話を詳細に記録、対話の中で気になる点があれば、その際に自分が感じたことや自分であればこう話すということまで書き、後で上司や先輩に発言の意図を確認していました。とにかく、全てを盗もう、いつか越えようと思っていましたから、「独り立ちしなければ」と本当に真剣でした。おやっと思った上司、先輩たちの暗黙知（的な言動や判断）を、ノートに書き出し、確認し、自分なりに改善することで形式知化しただけの話ですが、私に同行している方々にこの話をしているのですが、私の10分の1くらいしかしないですね。だから私の方から、仕事の終了後は、必ず会食しながら仕事の振り返りと私の想いと、同行者の思考

の確認をするようにしています。

　実際、上司からは、「お前は俺の妻より長い時間一緒にいる」といわれながら、結果、話し方、間のとり方、しぐさ、食べ物、歌の選曲まで上司そのものになっていましたからね（苦笑）。

　それを考えたら、多くの企業の OJT や上司の教え方に対して私は非常に厳しい見方をしています。

社長　暗黙知を形式知化というのが、先生が目指している職務分析とそのレベルであり、そのツールがプロセス展開表ということでいいのですね？

人事コンサルタント　その通りです。プロセス展開表はまさにホワイトカラーの業務の見える化、高いレベルでの形式知化そのものです。

4．プロセス展開表を活用した職務分析の理解

(1) プロセス展開表の作成手順

人事部長　人事部にもマニュアルはたくさんありますので、何となくイメージは掴めます。営業や設計などホワイトカラーの職務分析で、先生のいわれているプロセス展開表が使われるという認識でいいですか？

人事コンサルタント　はい。ホワイトカラーに限らずブルーカラーでも使えますが、御社の場合は、現場に既に作業標準（作業手順書）があるのでこれを、プロセス展開表に移し替えるという感じです。

　では、ここからはプロセス展開表について説明します。これを、次の手順で埋めていきます。横の流れ A、B、C 〜は、課業の流れです。縦の流れは、各課業の手順が、1、2、3 〜というふうに職務行動を書いていきます。資料（P.19）は、ある製造業の資材課倉庫グループの仕事の一部です。

　基本的には、従業員に書き出してもらいます。始めは、専門家の支援が必要かもしれません。プロセス展開表を配付し、説明し、「これを書いてください」といったところで、なかなか書くことはできません。なぜなら、始めから目的はもちろん、要領を理解することが難しく、さらには自身の仕事を書き出すことに対する抵抗もあるからです。

　このため、まずは簡単に、「およそ 1 日は、どんな仕事から始まるのか」を

聞きながら書き出します。この作業を容易にするために、職務予備調査票を使用します。ここで、職務調査という手法は、本来は職能資格制度で使う用語ですが、この様式は、決して能力を書き出すために作っているわけではなく、部門業務の内容を把握するための職務予備調査をします。課業内容を具体的に、1、2、3、4、5、6と、手順を書いていきます。

　また、これは現状業務とその業務遂行上の問題などを整理し、今後の対処方法を検討するために活用していくことになります。したがって、部門全体の業務の流れとその内容、課業あるいは作業の問題などを洗い出せるように、人選を行い、実施していただくことになります。この職務調査内容に基づき、後日、我々コンサルタントが従業員にインタビューあるいは討議しながら内容の確認をしていきます。

(2) あるべき姿のプロセス展開表を作成する意味

人事部長　プロセス展開表で、現在の業務を整理、見える化したうえで、そこに改善策をプロセス展開表の中に行動（作業）として落とし込むというのは、非常に分かりやすいです。流れを整理するだけでも生産性が向上しそうですが、管理もしやすくなりますし、参画した皆で考えていくというプロセスも面白そうです。ただ、時間がかかりますね…。

人事コンサルタント　おっしゃる通りです。ゆえに、これを活用するかどうか、予備診断で判断させていただきますし、やり始めてどうもこの手法では予定している以上に時間がかかりそうということになれば、業務改善程度に収め、あるべき姿のプロセス（展開表）までせずに、職務設計にはいる場合もあります。その判断は、コンサルティングが始まり、都度、状況報告していきますので、社長にご決断いただくことになるかもしれません。

社長　分かりました。先生の話の中で「あるべき姿のプロセス」とありましたが、それは何のことをいうのですか？

人事コンサルタント　これを理解してもらうために、結果（業績）を出すための４つの行動を説明します。

　プロセス展開表に書き出される業務、作業（行動）を整理すると、次の４つがあります。まず１つ目として、過去からしてきた仕事です。例えば、法令に従っ

職務予備調査票（例）

職務予備調査票

作成　　　　年　　　月　　　日

所属	部・課	担当職務	氏　名	現職務経験年数 年　ヶ月	資格等級	現役職

＜職務調査のねらい＞

　　納得性の高い人事制度を構築するため、現状業務の課題を整理し、対処すべき方法を検討するために活用させていただきます。部門全体の仕事の流れとその内容および各仕事（業務全体あるいは課業）の問題点などが洗い出せるよう人選を行い、実施してください。本職務調査内容に基づき後日、インタビューあるいは討議の中で確認をさせていただくことになります。

＜記述手順＞

1. まず、日々の行っている仕事をイメージしてください。具体的には、出社から退社するまでにどのような仕事（職務行動）をしているかを順に思い出して記入してください。その際、普段作成している資料、帳票を思い浮かべるとより具体的に書くことができます。具体的課業内容の欄に「～を○○する」という表現で順に記述してください。

　　日々の仕事が終われば、次は発生頻度にあるように週、月、四半期、半期、1年、不定期の単位での仕事をイメージし記述してください。

2. 同時にその課業を遂行する上で、あるいはした際に問題と感じている点や遂行する上でのリスクが潜んでいると感じている、注意していることを記述してください。

　　遂行上の問題点およびリスクとその解決方向の欄に、「よく●●が起こるため、××することにしている」と記入してください。

3. 具体的課業内容を書き終えたら、一括りできる課業に対して最も適切と思われる業務の名称を、「業務名」に記述してください。

＜記入上の留意事項＞

　　特に、綺麗に整理して記述しようなどと思う必要はありませんが、具体的、丁寧にご記入をお願いします。普段遂行されている仕事を手順に沿って洩れなく思い出すことに努めていただければ結構です。後日、インタビューあるいは討議により確認をさせていただきますので気を楽にしていただき、ご記入ください。

現在の仕事と具体的内容				遂行上の問題点およびリスクとムダ（利益の源泉）と想定される解決方向
課業名	遂行レベル	発生頻度	具体的課業内容（「～を○○する」という表現で記述）	

※遂行レベル〔1：上司の承認が必要、2：独力でできる（自己裁量でできる）　3：他者・他部門との協力が必要〕
※発生頻度〔1：日、2：週、3：月、4：半年、5：四半期、6：1年、7：その他〕

てしなければならないような、最低限、引き続き遂行しなければいけないような仕事です。法令で決められてなければ業務のやり方は変えられるわけですから、2つ目は、過去からしてきた業務ですが、これを改善したものとなります。そして3つ目は、イノベーションを目指し立てた経営計画から落とし込まれる新たに出てきた仕事となります。これにもう1つ、現場で偶発性を取り込むような対応は事前に職務基準書に示せないものが多々あります。このような日々の対応については、フィロソフィーや経営理念が基礎となります。つまり、フィロソフィーや行動憲章のようなものを基準に起こす行動です。

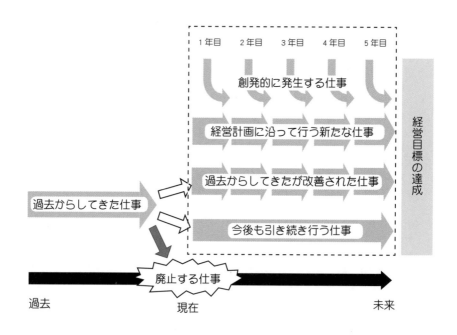

人事部長　なるほど、4つの行動ですね。

人事コンサルタント　2つ目までの行動は、先に話したとおりで、最後の4つ目の行動も経営理念や行動憲章に譲ったとして、残りは3つ目の新たに出てきた仕事、別ないい方をすると革新行動ともいいます。

　経営目標を絵に描いた餅にせず本当に達成したいのであれば、これまでどおりの行動では絶対にダメで、改善レベルであっても無理です。だからこそ、こ

れまでにやったことがない行動であっても、同業他社や他業種のベストプラクティスを調査し、考え、目標達成のために挑戦し行動を起こす。これを、プロセス展開表に落とし込み、課業として設定し、最終的には職務・職責（義務）とします。

人事部長　なるほど。職責にするということは、これを担う従業員は義務ですから必ずやらなきゃいけないということになるわけですね。

人事コンサルタント　その通りです。これまでやったことのないやり方、行動ですから成功するかどうかは分かりません。しかし、色々調べて、皆で考え出した行動ですから、そう外れはしません。

社長　面白いなあ。そういう従業員が出てくるなら、目標達成は二の次だわ。

人事コンサルタント　このプロジェクトに参加するメンバーは生き生きとしてきます。私自身はそうなるように勧めるのですが、どちらかというと事務局がこの空気を潰さないようサポートできるかどうかにかかってきます。結構、事務局の役割は重要なんですよ。

(3) 結果は行動で決まる、ただし知識をないがしろにしてはだめ

人事部長　あと、このプロセス展開表に「知識・能力」とありますが、ここにはどんなことを記入するのでしょうか?

人事コンサルタント　作業を起こすに必要な知識を記入します。能力については、これも後ほどお話しますが、職務評価の評価要素名を参考に記入することになります。参考にとしたのは、職務分析における評価と職務評価は厳密には異なるからです。

　全作業に知識が入ることはありませんが、職級に応じた知識は、今後の教育のために明らかにしておくことが必要です。御社はそうではないと思いますが、特に最近、教育に対して非常に粗さが目立ちます。

　よくある現象で、上司や先輩が、トラブルが起きた際に「それ教えたじゃないか!」「まだ分かってないのか!?」といっています。新人ならまだしも、入社して5、6年経っている場合も結構あります。本人に、教えられた自覚がないということは、教えられていない、教わっているが理解していない（教え方が悪い）、教えられたが応用が利かない（体系立てて教えていない）などあり

ます。いずれにしても、教育する側の問題です。

　行動を裏付けるもの、それはまず知識です。これが無ければ始まりません。しかもそれは、作業、課業とそのレベルで設定できます。だからこそ、職業資格制度に●●士1級、2級、3級とあるのです。必ずしも外部機関の資格があるわけではありませんから、社内で知識とその段階を明らかにし、そこにしっかりとした教育プログラムを作り込んでいくことをお勧めします。

　これは、職務分析により職務を明らかにするからこそ、出てくるもので、職務基準の人事制度だからより強化すべきところです。

人事部長　職務分析のやり方については大体理解できました。あとは、実際にやってみて質問をしたいと思います。

(4) 課業の難しさはその行動（作業）の難しさで決まる

人事コンサルタント　それでは、ここからは職務分析のポイントについて、お話します。

　業務をいくら棚卸したところで、それだけで業績は良くなりません。整理することで多少、振り返り（反省）ができ、行動を見直すきっかけになる可能性はあっても、人間というのは保守的で新しいことをすることは怖くてなかなか挑戦できません。効果が上がらない間違ったやり方でも、それを続けることの方が安心で、「従来通りしている」という言い訳にも使えます。

社長　確かにその通りです。悪いことではないのですが、生真面目な人ほどそういう傾向にありますね。

人事コンサルタント　やはり行動、つまり、課業をいかに遂行していくかで結果は出てくるわけですから、会社から期待される結果を出そうと思えば、今の仕事のやり方では駄目なんだ、改善しなきゃ無理なんだと思って欲しいですね。しかし、繰り返しになりますが、人間は保守的です。そこで、職務予備調査票に、今のタスクでよく起きる問題やリスクと感じていることを書き出してもらっておきます。これは後に、普段から気になっている小さなことでも、改善すれば、少しでも今より結果が良くなるんだと実感してもらうためです。

人事部長　なるほど。それでこの項目があるんですね。どの段階でこれは活用されるんですか？

人事コンサルタント　まず、職務予備調査票が出揃い、各部門で出てきた職務調査票の内容を確認、整理していくことになります。

　部門の課業はおよそ書き出され、各課業の作業手順など（職務予備調査票の「具体的課業内容」欄）はどうかを中心に整理していきます。おそらく、基本の流れはあっても、人により、相手先により、あるいは製品により違いは出てくると思いますが、基本的流れを抑えたうえで、違いが出ている原因については正確に確認し、整理しておきます。

人事部長　つまり、プロセス展開表の作成の前に、ある程度、職務予備調査票を使って部門で行われている現状の業務を整理しておくということですね。

人事コンサルタント　その通りです。プロセス展開表は業務の見える化であり、この作成過程および作成後に整理された業務を俯瞰しながら、業務プロセスを改善していくことになります。

　作成過程での従業員の議論によって、タスクの排除、統合、順序の入れ換えなどや、作業の統一や標準化を実施、さらにパターン別の作業標準を確立していくことになります。この議論の中で、統一できない理由、制約条件などの理解やベストプラクティス構築のためのノウハウおよび知識やスキル段階の把握と教育訓練方法の共有化ができます。

社長　確かに、同じ職種でも、拠点によってやり方が違います。それはどうしてなのかは分かる部分もありますが、これを統一させるとか、標準化させるとか大事だとは思いますが、言い訳がましくなりますが、そこまでする時間がありませんでした。

人事部長　しかし、メリットも大きそうですが、やはり時間がかかりそうですね。

人事コンサルタント　そうですね。だから、各社は現場から離れて、人事管理のためだけの職務分析を行い、職務記述書を作成し、職務等級に当てはめるのです。つまり、多少の職務内容の整理はできても、職務再設計はできず、人事部主導のため業務改善までもいかず、結果、人事管理のための人事構築となってしまい、そもそもの目的はどこへやら？　という感じです。昨今のジョブ型ブームの中で、また昔のような「虚妄の成果主義」と揶揄された職務給への批判がまたぶり返されるような気がします。

　なんのために人事制度を構築するのか、ミッション、ビジョンの実現です。

これを実現するための行動（職務）を曖昧にしておいて何を実現しようというのでしょう。結果（業績）が出るような職務設計になっていない中で、何を評価（人事考課）するというのでしょうか？

社長　生産現場だけでなく、従業員が知恵を出し合い、一体感をもっていかに目標を達成するかを考え、それを業務に落とし込む…ということが、人事制度の前に必要だということですね。

人事コンサルタント　その通りです。人事考課制度だ、目標管理制度だ、能力開発制度だと世間でよくいわれるのですが、職務を曖昧に、あるいは無視しているからこそ日本企業は人事考課制度に過度の期待をかけてしまう。職務を曖昧あるいは無視したこれらの制度を先行させたような話は全く本末転倒であり、人事を知らないどころか、経営を知らない専門家面した人間の常套句です。

社長　そうですよね。「評価をしっかりしてくれ！」と労働組合がよくいうのですが、その前に何をどこまでしたら評価Bだとか、Aだとかを、まず職責で示さなければ話になりませんね。少し、時間はかかりそうですが、腰を据えて今回の制度改訂は取り組みたいと思います。

人事コンサルタント　一度、システムを作っておけば、後は一部を改訂していくだけです。よく「職務の内容が変わるのに職務基準書を都度、変えるのですか？（面倒だ！）」といわれるのですが、毎日のように新たな業務が発生するなんてまずあり得ないし、新たに加わったり、変更されるのは一部です。一部であるなら、職務基準書を少し変更すればいいだけで、その従業員に職責を背負わせるわけですから当然のことです。大体、職務基準書を作成したことがない方に限ってこういう批判めいた発言をされるのですが、ベースがあれば改訂は簡単です。

人事部長　なるほど、そうですね。今の職務が全部変わるなんてそもそもありえないですからね。

人事コンサルタント　それからこう回答すると、次の質問がわくと思うので先にお話しておきますが、「職務基準書を変更したら職務評価をまた実施するのですか？　それが、面倒だ！」といわれるのですが、そもそもその職務にタスクを加えたり、変更したりするのが当然のことですから、難易度はそう変わることはありませんよね。大きく職務内容が変わる場合には、再評価しなければ公正さを欠くことになりますが、基本、元々設計されている基準となる職務が

あるわけですから、相対比較で簡単に分かることです。ゆえに、この場合、等級が大きく変わるようなことはなく賃金が変動することもないので、この辺は、職務等級制度の基礎的な理解と常識的な判断で十分です。

人事部長　まさにご質問しようと思っていたところです。しっかり理解しました。どうしても、世間でいわれているジョブ型人事への批判が頭にあるもので、ここまでの話を理解しているつもりなのに、ついこれまでの制度をベースに考えてしまいます。

人事コンサルタント　何度もいいますが、仕方ないことです。おそらく意識を変えるのに3〜5年はかかりますよ。この間、迷いが生じたときには、今回の人事制度を改定する目的（原点）と人事制度の本質に立ち返り、自分を鼓舞してください。

(5) 改善行動は参画型で検討する

〜高い納得性を得ることでモチベーションｕｐにつなげる〜

製造部長　これまでの話を聞いていて感じたのですが、先生のいわれるプロセス展開表を活用した職務分析は、ある意、小集団活動のような感じですね。

人事コンサルタント　そうです。まあ、小集団活動は監督者以下のどちらかというと一般職層がやる改善活動で少し違いますが、職務等級制度では職務分析、職務設計、評価制度設計をほぼ全階層を巻き込んだ改善活動であることは間違いありません。

製造部長　そうですね。TQM* 活動というか、全社活動に近いですね。

でもまあ、製造現場側からいうと当然のことを先生はいわれているので違和感はないのですが、我々でいうと、営業、生産管理、購買、開発、業務…と関係部署が我々のように単位当たりの生産性なり、目標をどう業務に落とし込んでいるのかは見えないというか、どちらかというと「ちゃんとやってよ！」という感じではいます。これを機に、全体で流れを作り、各部門で高いレベルでの標準化が進むといいですね。ハードル高そうですが…。

人事コンサルタント　そうですね。元々各現場でやっておけば楽なものを、やっていない部門は、始めはしんどいという感じですかね。でも、仕方ないですよ

ね。やってないんですから。

　あと、一部の人間で作成できないことでもあるのですが、私はこのやり方は、制度構築に参画させることで、制度の目的を理解できることや、公正性（納得性）も高くなる手法と考えています。

　例えば、職務設計も生産性や品質を考えながら参画したメンバーで検討しますし、課業や職務のレベル（難易度）評価も評価基準作りから参画メンバーでやってもらいます。そうなると、誰か社員が不満を訴えたときに、説明できる人間が人事部だけでなく、各部門に複数存在していますし、職務評価や人事評価結果についても説明できる以上に、次なる改善テーマも見えることになります。

　つまり、自身の賃金だけの関心ではなく、職務（職責）や制度・基準の決め方にまで関心が及ぶことになり、職務認識も醸成され、それだけ目標達成度が高くなります。まあ、無関心、無責任ではいられないということですかね。

社長　厳しいですが、確かに変わりそうですね。しかし、プロジェクトメンバーは重責ですね。うち、大丈夫かな…。

人事コンサルタント：心配されるくらいなら、逆に今やっておくしかないですね。そういう人材を早く育成していく、組織文化として形成していかなければいけません。

　多くの場合、プロジェクトメンバーの皆さんは、大体、意識が変わり、成長されていきます。自分たちの仕事を洗い出し、それぞれのやり方になっている理由を含め、あーだこーだとコンセンサスを取りながらベストプラクティスを追及していくのですから、変わらないはずがありません。我々もそうなるように前向きにファシリテーションしていきますが、元々メンバー自身が持っている力そのものです。ここまで成長してきた御社の従業員です、全く心配無用ですよ。ただ、注意点があります。

人事部長　それは何ですか？

人事コンサルタント　人が群れそこでコンセンサスが得られた策（案）は、良い策とされる傾向にあります。確かにその通りではありますが、改善にはやはり原理・原則があり、そのための正しい知識がなんといっても必要です。感覚的な結論が一番ダメです。

　つまり、従業員に議論させそれで決めたことが間違いとはいいませんが、そもそも課題認識がなく、その課題を議論の過程で認識できたところで、自分たちで解決方法が導き出せるのであれば、とうの昔に実現できていますよ。「話せば分かる」、問題解決はそんな簡単なものではありません。最近こういうアプローチばかりが増えて困ります。

人事部長　なんだか、うちの社内研修を見たことあるようですね…。まさに、今のコンピテンシー評価を決めた時は、従業員に集まってもらい議論して選びましたが、本質的な解決には至っていません。

人事コンサルタント　（笑）いや、そういうところが多いんですよ。問題の本質を見出すことはそう簡単なことではありません。特に、職務を明確にしてこなかった以上、そうならざるを得なかったし、仕方ないことです。

　もう一つ。先ほどの皆で議論の話ですが、いくら議論の内容と答え（改善策）が正しくても、行動を起こしてはじめて結果が出るのです。そこはやはり、リーダーの役割が大きいと思います。

人事部長　先に出た、努力の話と同じですね。気をつけないといけませんね。

＊ TQM とは
　TOTAL QUALITY MANAGEMENT の頭文字をとった略で総合的品質管理のことです。TQM の目的は、全社的あるいは全部門的な質的向上を目指すと同時に、組織におけるあらゆる業務を総合的に向上させることをいいます。

---

(6) 中央集権的な職務構造から顧客志向の職務構造への変革

①職務（再）設計の原則を理解する

人事部長：職務設計とそのための職務分析が本当に重要なことが分かってきました。管理職として日々悩んでいるところは、これをせず、忙しさにかまけて、行き当たりばったりで業務を指示することが実際にありますから。今の彼なら

できるだろう…なんてね。

人事コンサルタント　多くはそれが普通ですよ。でも、それだからこそ生産性は上がらないのです。ここで少し職務設計についてまとめておきます。

人事部長　はい。よろしくお願いします。

人事コンサルタント　職務設計の原則を示すと次のとおりです（資料3を配付）。職務設計は、効率の向上を実現するために、各課業だけでなく全体最適を目指して、類似、もしくは事実上同一の種類および程度の課業および職位を一単位として編成していきます。

資料3

①職務を構成する課業は、過度に多様化させず、最適化することで効率を向上させる。
②各職務で遂行される課業は、全体課業の中で、相互依存するよう設定する。
③作業サイクルの長さの最適化によって作業のリズムを作る。
④職務に含められる課業は、地域社会で尊敬される価値がある、ある程度の配慮、技能、知識あるいは努力を伴っている。
⑤職務は、消費者向けの製品の効用に対して、認識できる貢献をしている。
⑥職務の相互依存（課業のつながりと、労働者間の相互理解の創造）のために、課業の組み合せ、職務交代制、あるいは物理的な近接性を与える。など

また、職務設計には課業の水平的統合（職務拡大）、垂直的統合（職務充実）があり、これによって従業員の職務満足を向上させることができることも非常に重要です。労働生産性の重要性をハードとソフトの両面から従業員に知らしめ、かつ生産性の向上を実現できる方法は、この職務設計を除いて他にないのです。

製造部長　よく分かります。職務充実に職務拡大は、現場作業は単調になってしまうので、本人の能力と今後のキャリアに配慮しながら、考えてやってきているつもりです。

　⑤、⑥の考えは新鮮です。

人事部長　確かに、採用の際にも使える考え方のように思います。仕事の価値あるいは誇りにも通じます。

人事コンサルタント　その通りです。単に内部での生産性という発想ではなく、地域や顧客視点から職務を設計するという考え方です。その結果、仕事に対す

る誇りが持て、顧客や地域に更に貢献できる可能性もあります。

②職務の明確化による社会的ストレスの軽減

人事部長　あと、職務設計しておけば、従業員の仕事範囲（職務）が明確になり、「なんでこれを私がしなきゃいけないの？」というストレスもなくなりますね。

人事コンサルタント　その通りです。経営目標から職務を体系立てて整理していくことは社会的ストレスを減少させることができ、従業員個々の社会的ストレスを軽減することにつながります。

　これは 1948 年から 17 年間、イギリスで実施された科学的調査（グレシャー計画）で明らかになったものです。ホーソン実験で有名な人間関係論的な手法で解決ができなかったことを踏まえて実施されたもので、（業務）組織の外部市場への適応のために基本的課業に関連付けることこそが、組織内部の社会的ストレスから（業務）組織を守る最善の方法とする考えで、これを「課業アプローチ」といいます。

社長　なるほどね。そういう理論をこれまで聞いたことがないですね。

人事コンサルタント　その通りで、これは日本の経営学では、科学的管理法が、人間関係論やその後の行動科学理論で否定されたと捉えられている方が多いためです。これも、大きな間違いですが、人間関係論が科学的管理法を補完するものとして始まったということを理解していないうえに、経営とはハード（構造アプローチ）とソフト（動機づけアプローチ）のバランスであることを忘れ、どうもハードを後回しにする傾向にあることが原因のように思います。

人事部長　職務調査や職務分析もせず、職務を無視した職能資格制度や役割等級制度と同じだと…。

人事コンサルタント　よく理解されていますね。その通りです。経営環境に合わせて課業を組み立て、職務を設計することで余計なストレスは解消し、人間関係を改善させる 1 つの方法となるのです。これは、制度的、心理的らしきアプローチが多い健康経営で大きく抜けているところで、ここでもやはりバランスが少し欠けているように思っています。

③顧客視点でのプロセスアプローチによる健全なる危機感の醸成

人事コンサルタント　さて、話を戻しますが、既に御社は、職務設計に取り組

んでいるはずです。ISO9001の中で…。

製造部長　んーっ？　ISOで…ですか？

人事コンサルタント　そうです。プロセスアプローチという用語をご存じですよね？　ISO規格の中でもとても重要な用語です。

製造部長　もちろん知っています。顧客視点から個人や部門の垣根を越えて、プロセスをシステムとして構築・運営していくことですよね。

人事コンサルタント　その通りです。顧客を中心に、ビジネスプロセスを再構築（リエンジニアリング）していく時のアプローチ方法です。これによって職務を基準とした組織であっても、顧客を中心に考えれば、プロセスアプローチは必要で、組織、職務を硬直化させることはありません。

社長　なるほど、顧客視点で組織をゆらがせるわけですね。

人事コンサルタント　そうです。顧客の視点で改めて部門や職務を考えた場合に、このままでいいのか!?　という健全なる危機感も出てきます。

社長　確かに。しかも、プロセスアプローチによって職務が再設計されることになり、同時に先ほどお話された職務満足も得られるということですね。

人事コンサルタント　その通りです。職能資格制度は職務を明確にせず人間の能力を信じ柔軟に動けるところが長所だとよくいわれますが、組織に属する人間が、環境変化に鈍感で、顧客視点もなければ、保守的な人間は決められたことを繰り返すだけですから、職能資格制度であっても自ずと硬直化していっています。つまり、ジョブ型だ、メンバーシップ型だ…の議論の前に、どのような雇用管理制度であろうが、職務を疎かにした制度であれば結果は同じだということです。

人事部長　それでも管理するのではなく、従業員の自発性、能力を信じたい！と思ってしまうんですよね。

人事コンサルタント　それは私も同じです。でも、まずそれは、職務を与えてから、かつ今以上の何を個々の従業員に期待しているかを明確にしてからにしましょうよ。家族のことや、自分のことなら無心でやるかもしれませんが、そう願ったところで、実際のところは企業組織なんですから。

社長　実際はそうですね。でも、職務分析や職務設計の過程で、フィロソフィーは必ず落とし込んでいきたいと思います。

プロセスアプローチと職務再設計

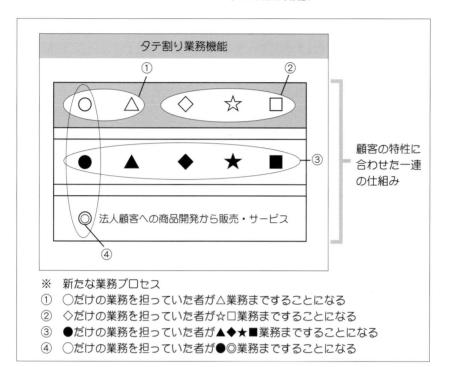

※　新たな業務プロセス
① 　○だけの業務を担っていた者が△業務まですることになる
② 　◇だけの業務を担っていた者が☆□業務まですることになる
③ 　●だけの業務を担っていた者が▲◆★■業務まですることになる
④ 　○だけの業務を担っていた者が●◎業務まですることになる

| Column | 多能工と職務基準書 |

多能工とは、マルチタスクとも言い換えられるように、「一人で複数の業務や作業を進めること」を指します。これは、平準化生産のため、必要なときに必要な製造工程に最適な人材を配置することができるようになります。多能工には、常にマルチタスクしている場合と状況に応じて配置される場合がありますが、前者は1つの職務として職務基準書に明記されることになりますが、後者は原則として常にするわけではないため職務基準書に記されることはありません。しかし、これでは職務基準書に明記されていない作業をさせられた場合、その作業者の不満になるほか、人事考課で評価することもできません。このため、マルチタスクのレベルに応じて予測しうる配置業務を予め職務基準書で明確にすると同時に、考課要素「協調性」の定義に行動態様として盛り込み、評価することで、報酬につながるように設計します。そして、一人が複数の業務を遂行する多能工では、全てのパフォーマンスをそれぞれ評価することになります。

(7) 営業部門における職務分析のメリット

人事部長　先生、製造部門や事務的な職種の職務分析についてはなんとなくできるような気がしてきました。

人事コンサルタント　そうですか、良かったです。基本的には事務以外のホワイトカラーも同じです。ただ、製造部門のように、標準作業、標準時間というわけにはいきません。しかし、実際に計測できる作業以外は、経験的推定時間や管理のための基準時間を出していく方法もあります。

社長　営業のような職種でもですか？

人事コンサルタント　案件別にプロセス管理していけば、時間ではなくても少なくとも日数で管理していくことはできます。例えば、日々作成する見積書などの作成は分単位で管理できます。

社長　もう少し詳しく聞きたいのですが、営業部長を同席させてもかまいませんか？

人事コンサルタント　分かりました、いいですよ。

《社長が営業部長に連絡、営業部長が入室》

営業部長　はじめまして。よろしくお願いします。

社長　営業部長、急ですまんすまん。私がここ数年、人事制度を再構築したいといっていただろう。その件で専門の先生に来てもらったんだけど、営業部門のイメージを膨らますために、ちょっと君にも聞いておいてもらいたくて呼んだんだわ。すみません先生、では営業の職務分析について教えてください。

人事コンサルタント　はい。急に呼ばれたので大変と思いますが、営業の流れを確認しながら、人事制度を構築するための手続きである職務分析についてお話します。見込生産、受注生産で営業のプロセスも変わってきますが、大体は次のプロセスになっています。

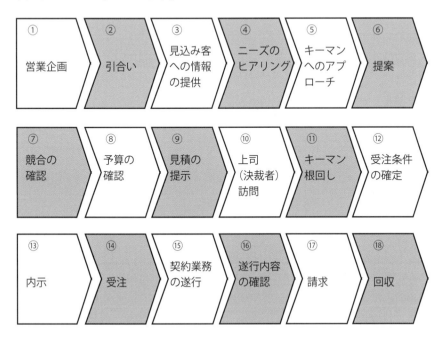

営業部長　そうですね。うちの場合は、見込生産ではありますが開発力があり、中小企業ですが業界の中でも新製品を先行して出しています。このため、とにかく顧客ニーズの動向を把握し、そこから生まれた商品の良さを顧客に理解してもらうことが大切です。

人事コンサルタント　それは非常に良いことですね。では、このプロセスですが、全営業社員がこのようなプロセスで営業を行っていますか？

営業部長　新人は別として、2年目からは大体そうですかね。

人事コンサルタント　そうですよね。しかし、同じプロセスで進む案件には、商品の製造技術（商品知識）やプロセス、顧客要求、そして提案内容のレベルに違いはありますよね。

営業部長　はい、もちろん。顧客の規模もありますが、「規模＝要求レベル」ではないので、要求内容に合わせて営業社員の担当を決めています。特に、御用聞き的な営業でいい取引が安定した顧客には若手を、競合が多く戦略的にシェアを拡大したい顧客はベテランを、新規開拓は中堅以上で行っています。

人事コンサルタント　はい。よく分かります。なぜ、そうしているのですか？

営業部長　えっ、なぜ？って。そりゃ、顧客の要求のレベルと営業の実績と能力を合わせているだけですけど。

人事コンサルタント　その通りと思いますが、その能力の違いは何で証明できます？

営業部長　そうですね。提案書の内容、交渉プロセス、受注までのプランというか仮説づくりとその精度ですかね？　顧客との関係づくりにも違いが出ますかね…。

社長　そうか。能力、能力とはいっていても、行動、仕事の内容なんですね。なるほどな。

人事コンサルタント　その通りです。よく根性論で営業力を見る会社では、新人に新規顧客への訪問をさせ、ぼろぼろにしています。飛び込めばいいというものではないですよ。訪問先からみたら「また、来た。今度はどこの会社？あんた誰？」ですよ。「君のとこは毎年恒例行事で大変だね〜。名刺置いといて」の塩対応です。これだまマシな方です。根性を鍛えるどころか精神を壊させている。新規開拓なんてベテランであっても難しいことです。成長には段階があるし、その段階に合わせて指導の内容も丁寧に変えていく。

営業部長　そうですね。そのように当社ではしているつもりです。

人事コンサルタント　案件別にプロセス管理はされていますか？

営業部長　それは一応。日報などで案件管理もしています。

人事コンサルタント　でも、基本は顧客別にですよね。

営業部長　そうです。

人事コンサルタント　では、要求レベルが低いからと未熟な営業社員が訪問していて、先方が少しそのレベルに合わない要求をされた場合に、その未熟な営業社員は微妙なニュアンスをくみ取れないとか、知識、スキルが無いために話をスルーしている場合もありますよね。

営業部長　それはあるかもしれませんが、基本、当社の場合、定期的に同行訪問したり、上司単独で顧客訪問していますので、そういうことは少ないかと思います。

人事コンサルタント　なるほど。それは非常に良い話ですね。ここで私が申し上げているのは、営業部長のお話にあるように、案件ごとに、プロセスで管理し、上司が日報を読み込み、気になる場合は上司が訪問をするという仕組みになっているということなんですね。

営業部長　仕組みというほど立派ではありませんが、変だなと上司が思ったら対応している感じですかね。

人事コンサルタント　変だなと判断する基準はなんでしょうね？

営業部長　きっと、「この案件、進んでないなぁ？」じゃないかと思います。

人事コンサルタント　では、忙しいと手が回らず、見逃がしていることもありますね。

営業部長　ええ、それもそれであると思います。

人事コンサルタント　アナログ的ですが、本当によく管理できていると思います。社長、プロセス展開表で職務分析を行うと、案件別にプロセス管理がしっかりできるようになり、御社はもっと売上げが伸びることになりそうですね。

社長　そうですか。それは良い話です。

人事コンサルタント　案件レベルあるいは顧客ごとに管理ポイントとなる課業の基準日程も定めておくとさらにいいでしょう。

社長　それって何ですか？

人事コンサルタント　例えば、顧客特性、製品技術、金額（生産量）、競合な

どで案件レベルを設定し、このレベルの案件は、企画書・第一次見積書提出後２週間以内に反応がなければ次のアクション（進捗確認および再提案に関する情報収集のための訪問）を起こす、第二次企画書・見積書の提示後１か月以内に同じく反応がなければ次のアクションを起こすという感じで、平均的に次のプロセスに移る日程を決めておくことをいいます。

社長　なるほど。色んなパターンはありますが、目安を設定しておき管理していくということですね。

人事コンサルタント　そうです。あと重要なことは先に述べたように、案件によっては顧客別にではなく、プロセス（課業）ごとに営業社員の配置が必要かもしれません。また、プロセスによっては求められる行動のレベルが異なります。

　単に顧客要求を聞くだけではなく、その要求の背景にあることを想像し、過去の案件（商品）から類推したり、あるいは仕様やその場合のリスクをある程度顧客に回答したうえで、会社に持ち帰り開発部門などに依頼をするなど、訪問商談というプロセス（課業）だけでもこれだけレベルの異なる行動があるのです。

営業部長　なるほど。そうですね。

人事コンサルタント　そうであるにも関わらず、担当顧客の結果（売上数値）だけで、能力があるだとかないだとかいって、実際はミスマッチを起こしてしまうような職務を背負わせているのは上司なのですが、なかなかそこに気づけない。

営業部長　はい。でも、難しいですよね…。

人事コンサルタント　そりゃ難しいですよ。でも、だからこそ追及するべきだし、そういう企業こそが生き残っていくのではないでしょうか？　既に強くなっている企業が通ってきた道です。

社長　何となくですが能力と職務、そして教育のつながりが見えてきました。それが営業のような職種でも職務分析を通してできるということなんですね。

人事コンサルタント　その通りです。感覚的にやってきたことを行動として書き起こすことは非常に難しく、特に営業職は職務分析によって縛られ、自由を失うと思われ、よく抵抗にあうのですが、是非とも職務分析することのメリットに焦点を当てていただき取り組んでいただけたらと思います。

社長　営業部長、その時はよろしくな。

営業部長　心して取り組みます（苦笑）。それでは、私はここで失礼させていただきます。

5．職務等級制度は指標管理による業績考課になる

（1）結果を常に意識した行動をとらせるために指標を設定する

人事部長　それでは、職務等級制度における人事考課について教えてください。職務等級制度では職務を遂行する能力があることを前提としてこれに就かせるので、能力考課ではなく、その結果を評価すればいいということになりますが、どのようにその評価の基準を決めていくのでしょうか？

人事コンサルタント　職務等級制度の人事考課で能力考課はしないことはもうご理解いただけたようですね。職務等級制度の人事考課は、「業績考課」といわれます。日本では、「業績考課」という方が分かりやすいかもしれません。欧米では、1990 年代に単独の人事活動としてのアセスメントや評価を扱うことは難しいということから、人事労務領域の業績管理（①目標設定とレビュー、②能力開発計画、③自己評価、④コーチング／メンタリング、⑤キャリア管理、⑥コンピテンシー・アセスメント、⑦年 2 回のパフォーマンス考課、⑧部下による評価（180°評価）など）への移行や事業戦略が要求するものをすべての従業員に結び付ける必要性が出てきました。つまり、人事考課（業績考課）は業績管理上の業績評価の一部であることと、また業績考課とコンピテンシー・アセスメントは違うということをよく理解しておいてください。日本では、役割あるいは職務等級制度といいながら人事考課でコンピテンシー評価をしているものを多く見ますが、これは日本のこれまでの能力評価が言葉を変えただけのものでパフォーマンス（業績）評価ではなく、理論的にも大間違いです。これに関しては、後ほどまた詳しくお話するとして、今から、プロセス展開表を活用した業績考課の仕組みについてお話します。

人事部長　はい。人事考課でコンピテンシー考課になっているのは、職務基準の人事制度においては、理論的な間違いということを覚えておきます。

人事コンサルタント　プロセス展開表には、課業の欄に成果指標、各作業の欄

人事考課表

職務名	貿易		職級		初級

	課業名	成果指標	評価	作業内容
①	単価帳(エクセル)	①単価帳正しく作成した件数 ②改善提案件数		①新商品が決定し得意先より注文書を頂き、内容を細かく確認する。 ②販売管理システムに登録する為、単価帳をエクセルにて作成する ③単価帳作成するために、得意先と合意に至った見積・仕入れ値を確認する ④見積書、得意先からの注文書等を基にコード登録時に必要な情報(決定仕様)をエクセルの単価帳に入力する ⑤見積書、得意先からの注文書等を基に単価帳へ仕入単価・売単価を入力する(LOT別があれば全て入力) ⑥この業務において更に改善すべきことを検討し、提案する
②	受注処理	①受注処理ミス件数 ②改善提案件数		①顧客から注文書を受領し、仕様、数量、単価、納品先住所、希望納期、試作の要不要、取引条件等)の確認をする ②仕入先担当者に概算納期を確認する ③注文書の情報に不足がある、納期が著しくご希望にそぐわない可能性が高い、または不明な内容がある場合は営業担当者または は顧客に確認をおこなう必要があるが、確認する内容について上長へ確認・相談する ④受注内容に問題がないことを確認でき次第、速やかに請書として顧客に受領の旨を伝える ⑤この業務において更に改善すべきことを検討し、提案する
③	出荷スケジュール把握	①出荷すべき時期の正しく判断した率 ②改善提案件数		①出荷スケジュール表を確認する ②各段階で所要時間を調べ、把握する ※国、貿易条件、顧客によって所要時間が異なる ③スケジュールに変更があった場合は、スケジュール表を変更する ④出荷すべき製品の手配進める ⑤この業務において更に改善すべきことを検討し、提案する
④	INVOICE作成	①INVOICEミス件数 ②改善提案件数		①必要な情報(数量、単価、条件など)を入手し、確認する ②INVOICEを正確に作成し、承認を得る。 ③輸出案件毎のフォルダー内に保管する ④この業務において更に改善すべきことを検討し、提案する
⑤	PACKING LISTの作成	①PACKING LIST作成ミス件数 ②改善提案件数		①必要な情報(ケースサイズ、重量など)を入手し、確認する ②PACKING LISTを正確に作成し、確認を得る。 ③輸出案件毎のフォルダー内に保管する ④この業務において更に改善すべきことを検討し、提案する
⑥	出荷指示計上	①出荷指示ミス件数 ②改善提案件数		①受注している商品の仕入れ納期を含めたスケジュール、数量、取置状況に問題がないことを確認する ②納品先のロケーション(配達日数)、顧客との慣習(出荷検査表添付やLOTNoの有無、納品形態等)を確認する。 ※留意点に抜けが無いかなど中級者以上がサポートする ③出荷指示書を正確に作成する ④出荷指示書を入力する ⑤出力した出荷指示書の原本を適正な倉庫、出荷日のファイルに指示書をファイリングする ⑥控えを手元に保管する ⑦後日、場合により入荷数量確定後物流より出荷数量の確認連絡を受ける ⑦-1上記連絡を受け取った場合は出荷数を確認する ⑦-2出荷数量を物流課へ指示する ※判断が難しい場合は中級者以上に相談する ⑧この業務において更に改善すべきことを検討し、提案する
⑦	特定原産地証明発給申請	①特定原産地証明発給申請正しく発行し送付した件数 ②改善提案件数		①日本商工会議所のシステムを使って発給申請する ②内容に相違ないかの確認をする ③原産地証明原本の引取をする ④スキャンしてデータ保存 ⑤原本の送付先を確認する ⑥原本を送付する。 ⑦この業務において更に改善すべきことを検討し、提案する
⑧	リピート海外製品発注	①海外製品発注件数発注ミス件数 ②改善提案件数		①注文書が手元に届いたら内容を確認する ②納期をETD若しくはEXWベースで書き加える ③スキャンしてメール添付、メーカーへ発注する ④納期回答の返信が来なかったら、催促する ⑤希望納期満たない場合、納期調整をする ⑥発注担当者に納期回答をする ⑦都度「輸入製品管理表.xls」に記録する ⑧この業務において更に改善すべきことを検討し、提案する
⑨	見積書作成	①適切な売単価で見積書作成した率 ②改善提案件数		①仕入単価資料を基にシステムの見積計上にて国内版と同様の見積案を作成する ②過去に同じ得意先に同じ内容で見積を出しているか確認し、再度見積もりを作成する ③「受渡条件」に該当するインコタームズを記載する ④倉庫渡し以外の条件の場合、商品の梱包形態およびあおよその重量などの情報を集める ⑤集めた情報を元に通関や貿易の輸送関わるコストを算出する ⑥販売単価を設定する ⑦見積書を作成・出力し、上長の承認を得る ⑧この業務において更に改善すべきことを検討し、提案する

※件数については、率に換算する場合もある。

能力	先行指標	評価 （判断1）	評価 （交渉1）	評価 （企画1）
判断1	細かく確認忘れ件数			
判断1	作成件数			
判断1	違った単価入力件数			
判断1	必要事項入力漏れ件数			
判断1	LOT登録漏れ件数			
企画1	提案・採用件数			
判断1	注文書内容確認ミス件数			
判断1	確認ミス件数			
判断1	判断ミス件数			
交渉1	受領返信ミス件数			
企画1	提案・採用件数			
判断1	確認漏れ件数			
判断1	把握していない件数			
判断1	変更忘れ件数			
判断1	手配遅れ件数			
企画1	提案・採用件数			
判断1	確認ミス件数			
判断1	作成ミス件数			
判断1／規律性	保管忘れ率			
企画1	提案・採用件数			
理解力	確認ミス件数			
理解力	作成ミス件数			
判断1	保管忘れ率			
企画1	提案・採用件数			
判断1	判断ミス件数			
判断1	出荷指示ミス件数			
判断1	出荷指示忘れ件数			
判断1／責任性	入力ミス件数			
判断1	判断ミス件数			
判断1／責任性	保管忘れ率			
判断1	判断ミス件数			
企画1	提案・採用件数			
判断1	申請件数			
判断1	確認ミス件数			
判断1	スピーディーでない件数			
規律性	保存忘れ率			
交渉1	送付先ミス件数			
判断1	送付ミス件数			
企画1	提案・採用件数			
判断1	確認事項漏れ件数			
判断1	輸送所要時間の読み違い件数			
判断1	メール送付ミス件数			
交渉1	催促忘れ件数			
交渉1	調整しなかった件数			
交渉1	回答完了件数			
判断1／規律性	記録忘れ			
企画1	提案・採用件数			
判断1	参照見積違い件数			
判断1	参照漏れ件数			
判断1	記載漏れ件数			
企画1	確認ミス件数			
判断1	コストの算出ミス件数			
企画1	掛け率の間違い件数			
判断1	見積作成件数			
企画1	提案・採用件数			

に先行指標とあります。経営目標、部門目標と降りてきて、最終的には課業の目標に落とし込まれることになります。単位業務の目標は各課業の目標の総体となります。また、課業の目標は、各行動目標の総体です。各指標は、課業や作業の各目標を何で管理していくかを明らかにしたものです。これらの成果指標は、基本、PQCDSM（生産性・品質・コスト・納期，時間・安全衛生・職務満足）で設定されることになります。

社長　行動が結果（業績）ですから、そうですね。指標は1つですか？

人事コンサルタント　いや、目標指標は一課業、一作業に複数あっても構いません。1つの課業で、品質向上だけでなく納期（時間）短縮の両方が目標になるときもあります。いずれにしても、経営目標から部門目標に展開され、これをいかに業務目標に数値として落とし込むかが重要なところです。

　この数値目標を設定する過程で、従業員の数値に対する意識も高まりますし、同時に、いかにこれまで数値管理をしていなかったか、つまり管理をしてこなかったか、科学的に分析、管理しようとしていなかったかが分かってきます。

社長　製造部門は比較的管理できていますが、間接部門にそのような意識は欠けているでしょうね。どこの会社もですよね。

人事コンサルタント　そうです。全ての課業、作業の指標管理をしてくださいとはいいません。しかし、部門目標を達成するため重要な課業については指標管理ができるようにしておきたいものです。

　同時にその課業を担う職務はしっかりと管理、フォローしなければならないということになります。

人事部長　指標を設定しても、これまでに数値を集めていない場合はどうするのでしょうか？

人事コンサルタント　ありますね。重要な指標である限りはやはり管理できるようにしていくしかありません。そもそも、実行プロセス（業務流れと作業手順）が設定できているわけですから、そう難しい話ではなく、むしろこれまでにやってこなかった管理に対する拒否反応が最大の敵になることは間違いありません。よく「中小企業なのにできるか」「中小企業に合った」といわれるのですが、今の状態を続ける限り成長に限界がくるわけで、中小企業だからこそ多少の無理をしながらでも成長していくしかないのです。大企業ではなく、全社員を見渡そうと思えばまだそれができる企業の規模だからこそできることで

す。

社長　現状の壁を乗り越えるための試練というわけですね。非常に筋が通っていて面白いですね。

人事コンサルタント　筋を通さないとできない制度です。筋というのは経営理論であり、この理論的追及があるからこそ、課題が整理でき、解決していくための理論が生まれてきているのです。

（2）多様な働き方にも非常に対応しやすくなる

①管理職は神ではない

人事部長　直近でいうと、当社もパンデミックの影響で、部門によっては在宅勤務をすることになりました。職務分析をして、職務を明確にしておくと、非常に管理がしやすいように思いますがいかがでしょうか？

人事コンサルタント　その通りです。職責はもちろん、プロセス（作業手順）が明確になっているので、数値での進捗管理が楽になります。

　よくテレワークの調査なので、上司が仕事ぶりを見ることができないことから「人事考課に対する不安」という回答が上位になっているのですが、普段からそんなに上司は見てもないし、見ていたところで能力なんて元々見えないのですから、人事考課に対する普段からの不満にしかすぎません。基本、仕事の中身や結果をどう管理できているかに尽きます。また、質についても都度、チェックしていなかっただけです。

　それからこれも私はよくいうのですが、そもそも職責を曖昧にしておいて、「テレワークになったから生産性が落ちた」なんて、何を基準にいわせているんだ！　という感じです。

　元々、会社だったら「自分の能力を100％発揮しています！」っていえるのか？　ですよ。そもそも、目標管理制度が成功しないのは、人間というのは持てる力の80％でできることを始めから目標に掲げているからです。それが、テレワークになったらさらに80％になったなんて、本人も無責任ですし、これを平気でいわせている会社も会社です。

　ネットワーク環境や子どもがいる家であるという環境が変わったのは確かですが、いやいや、会社でも邪魔はたくさんいるし、予期せぬ出来事もたくさん

あるよね…と考えれば同じですよ。会社にいる方が集中できないかもしれません。

社長　本当にそう思います。

人事コンサルタント　そうではなく、やはり職責が明確になっていなかったことの方が問題で、人間は決まりごとが曖昧であれば、都合よく使うんですよ。これを許さないためにも、職責、プロセスと指標管理は絶対と思っておいてください。

　あるお堅い組織の例ですが、パンデミック 1 年前に能力考課から業績考課に切り替えていたらしく（業績考課導入の検討はその前 2 年間かけたとのこと）、この話を聞く機会があったのですが、「業績考課にして凄く管理も評価するのも楽になった」と人事マネージャーはいわれていました。

　同時に、「能力考課であろうと、業績考課であろうと、仕事をやらない人間は制度が変わってもやらないことも分かった」とも（笑）。一組織の話なので全ての組織に当てはめられませんが、そんなもんです。また、人事考課に対する従業員の批判は、主に管理職に対して向けられますが、実際、管理職は神様ではないのですから、見えるものでしっかり管理していこうというのが合理的な方法なのです。

人事部長　どれだけ人事考課者訓練をしても、多少良くなる程度で、いくら頑張ったところで、見えているところは一部ですからね。おっしゃるとおりです。

人事コンサルタント　問題があるとするならば、仕事の環境において、やはり、できない仕事が発生するということです。これは、セキュリティの問題であったり、顧客や取引先、そして現場から離れてしまい即応できないような業務もあります。このため、職務分析した際に、在宅で不可能なものは予め確認しておき、在宅になった場合の職務編成および設計を検討しておくことになります。事前に確認しておけば、時間をかけてでも在宅でもできるように設備投資するなど計画的に環境を整えることもできます。

社長　なるほど。

②多様性と多様な働き方にも対応できる賃金

人事コンサルタント　ここまでの話で何か気になることはありますか？　気づいて欲しいのですが…。

人事部長　賃金はどうなるのか、ですか？

人事コンサルタント　そうです。どうされますか？

人事部長　いや、うちは同じ賃金です。

人事コンサルタント　在宅で職務内容が変わっていてもですか？

人事部長　そうなります。人に賃金が付いていますから。

人事コンサルタント　そうですね、それが今の制度上では正解です。しかし、職務等級制度ではどうですか？　職務内容が変われば、基本、別職務ですよね。

人事部長　職務評価をし直す…でしょうか？

人事コンサルタント　そうなります。結果、同じ等級で賃金は変えなくてもいいことになるかもしれませんし、結果によっては変わるかもしれません。大切なこととして、再評価をするということだけは原則と覚えておいてください。

人事部長　よく分かりました。ということは、この話をさらに展開すると…。

人事コンサルタント　そうです。もうお分かりになられたようですね。

人事部長　はい。介護、育児などで在宅勤務になったり、短日あるいは短時間勤務になった際も、職務再設計をし、職責を明らかにしておけば、職務評価によって等級が決まり、賃金が決まるということになりますね。

人事コンサルタント　全く同じ仕事であれば、単純に時間割するという方法もあるかもしれませんが、時間の長さが価値ではないわけです。標準能率のお話をしましたが、時間単価でとらえるなら同一賃金となるわけです。同じ仕事をさせられている定年再雇用者が働かなくなるのはこのためです。こういうことを技能実習生も含めて、日本は平気でやっておきながら、生まれながらにして保有能力が異なる個々を、能力平等主義で管理しようとするのですから矛盾だらけですよ。

人事部長　そうですね。「君は努力がたらないんだ！」って、自分の教え方を棚に上げ、誰かと比較して叱ってしまいますからね。反省ですね。

　しかし、この職務分析や職務（再）設計が、これからの多様な働き方の導入に役に立つことがよく分かりました。男性社員の育児休業への対応、親が高齢でその介護で問題を抱えている社員も多いなかで、私もですが…、やはり真剣に取り組んでいきたいと思いました。

人事コンサルタント　ありがとうございます。それよりも、部長にここまで理解してもらったことの方が嬉しいです（笑）。

6．管理・監督者の職責を明らかにする

人事部長　管理・監督者の職責について質問があります。おそらく、先ほどの課業の成果指標やこの総体である管理指標が管理・監督者の背負う業績責任なんだろうなと思いますが、その理解でいいでしょうか？

人事コンサルタント　その通りです。管理職は部下を通して部門業績を実現する者であり、監督者は結果を出すために設定された業務の基準を確認し、部下を指導、徹底させる役割を担っています。

　したがって、管理職は部門業務（課業）の目標の総体を、監督者は成果指標と先行指標の目標を達成することになります。

　しかし、それは結果に対する責任であって、これを達成するために管理・監督者がすべき行動（管理・監督行動）があります。この管理監督行動を日々遂行するからこそ結果は出るのであって、結果は運任せでは話になりませんからね。

人事部長　管理・監督者の行動がポイントなんですね。どのようにして、これを決めていくのですか？　また、プロセス展開表のようなものがあるんですか？

人事コンサルタント　管理職は、プロセス展開表で明らかになった単位業務、課業およびこれに設定された目標を、どのような環境変化があろうとも達成できるように、動かなければいけません。それを管理（者）機能といいます。この管理機能には、5つの機能があり、これを管理者は遂行していかなければいけません。

人事部長　5つの管理機能にはどんなものがあるのですか？

人事コンサルタント：よく「マネジメントサイクルを回せ！」といわれますよね。マネジメントサイクルって何ですか？

人事部長　PDCA のことですか？

人事コンサルタント　そうです。管理者がよく部下に対して発する言葉ですが、これは本来、管理者としての機能を意味したものです。そして、PDCA ではなく、POCCC で覚えた方が分かりやすいと思います。少し POCCC について解説します。

①計画機能（Planing）：将来のリスクを洗い出し、短期・長期の精度の高い予測を立て、計画を立案すること
②組織化機能（Organizing）：計画が能率的に準備され遂行されるように経営資源を構築（配分）すること
③指揮・命令（Commanding）：部下を目標に向かって効果的、能率的に行動させること
④調整機能（Coordinating）：部門間のヨコの関係、諸部門および対外組織の活動（自組織だけでなく対外組織を含む）を全体的目的に関連させるため、全体と部門の間の関係を統一、調和すること
⑤統制機能（Controling）：作られた規則、与えられた秩序に従い、目的が適切に遂行されているかどうか変化する状況をチェック（監視・測定・評価）し、修正すること

人事部長　これ、普段、部下に対して話している定義と全く違いますね。

人事コンサルタント　そうでしょ。部下に PDS とか PDCA と叫ぶ前に、管理職自身がしているのか？という問題です。何をするか本来の定義も分からず、部下に自己統制を押し付け、自らもプレイヤーとして逃げ場を作っておき、達成できない部下を叱る…。プレイング・マネージャーは、アメリカでも特別なことではないのですが、それは管理職としての役割を果たしながらの話です。いかに間違えた理解をしていることか。

人事部長　管理職研修でサラッと学ぶことがあっても、その後に、続く演習もなければ、この定義を前提とした実践もしていませんからね。それが研修のテーマでもあるのですが…。

人事コンサルタント　その通りですね。ゆえに、この POCCC に沿って、管理職の役割（職責）を定義することがいかに困難なことか。だからこそ、これを機会に何をするか頑張って決めてもらうしかありません。そこで活用するのが、「管理職職務内容検討表」です。

　この様式の使い方を簡単に説明します。

　まず、部下が遂行するプロセス展開表上の単位業務名とこれに含まれる課業名を記入します。そのうえで、単位業務の目的を念頭に、課業の目的を定義します。これは、管理行動を考えるとどうしても細かい日々の管理行動になりがちになるため、まずはしっかり目的に遡ることで、これからの逸脱を回避し、

現状にとらわれず抜本的な解決となるような管理行動を考えて欲しいためです。

　この後は、この目的を実現するために、部下が課業を滞りなく完遂し、目標を達成するために、管理職として開始から終了まで、何をしなければならないかをPから順に検討していくことになります。

　作業標準（マニュアル）がなく標準化を疎かにしている会社では、目標を部下に伝え、概略だけ伝え、「（結果）責任は俺がとるから、あとは任せる！」調の上司が多いのですが、そうではなく、リスクはどこに潜んでいるか、それぞれの部下が目標達成するためのそれぞれの部下に合わせた環境を検討し、リスク対策を考えた上で具体的な計画を立て、そのうえで部下に必要な資源を検討し予算化、割り当てていきます。その後、計画に沿って具体的な指示を（監督者に）与え、その後は（監督者を通じて部下の動き、進捗度など）チェックすることになります。同時に、目標を達成するために組織内外の調整が必要であればこれをどのように実施するのか、また、業務遂行過程における部下のモチベーション管理をどう具体的にしていくかについて考え、職責として明確にしていくことが何よりも大事です。自分が具体的にイメージできないものを部下に指示どころか、自分自身も統制できないようでは、管理職としての職責、特に方法基準を示していない意味で全く話になりません。

人事部長　こりゃ、大変だ。

人事コンサルタント　これまでマネジメントについて、悩んではいるとしても、これを論理的に考えたこともそうないでしょうし、その実践方法には幾通りもあるわけですから相当に難しいことは間違いありませんが、まずは自身で検討し、同僚と議論し、知恵を拝借しながら、管理職としての役割を文書化し、実践していくことで、本来の管理職として育っていくものと思っています。

人事部長　しかし、ここまで管理職行動を決めておくと、悪い意味での「結果主義」にはならないですね。

社長　難しそうですが、これも挑戦してみます。なんせ、管理職を管理職らしくするしか、会社の未来はないと私も思っていますので。

人事部長　ただ、本当に難しそうで不安です。

人事コンサルタント　正直に申し上げて本当に難しい作業です。まだ、プロセス展開表の作成の方が楽しくて簡単だと思います。このため、この管理職の職

管理職職務内容検討表

単位業務名	課業名	課業の目的（何のために）	POCCC	具体的な行動（部下が単位業務および課業を完遂するために管理者として何をするか）
			P 計画	
			O 組織化	
			C 指揮指令	
			C 調整	
			C 統制	

務基準書を作成する前に、管理者研修を実施し、POCCC をある程度理解していただいたうえで、検討表を書いていただき、議論していただくことにしています。それでもやはりやさしくなることはありません。残念ながら…。

7．職務評価と賃金の関係

(1) 職務評価基準の作成と職務評価のやり方

人事部長　職務分析についてはよく分かりました。職務分析によって、作業標準（マニュアル）を作成し、職務設計をして職務基準書を作成する。その後は、職務評価をして職務を序列化するんですよね。それと賃金（職務給）の関係が分かりませんので教えてください。

人事コンサルタント　はい。職務等級制度は職務の価値によって等級が決められることは既に申し上げたとおりです。この職務の価値を導き出すのが職務評価というものです。

　プロセス展開表の中で、作業および課業のレベルを出していましたが、これは非常にざっくりとした評価で行います。そして、職務の評価においても、分類法で評価する場合とより高い客観性を求める場合は点数法で実施します。

人事部長　点数法はよく耳にします。分類法はよく分かりませんがどのようなやり方なのでしょうか？

人事コンサルタント　職務評価において点数法が最も一般的ですが、日本では職務等級制度の導入事例は少なく分類法が主流でしたが、近年は違い、点数法が一般化しつつあります。

　まず、分類法から解説します。先ほど、ざっくりと評価するといいましたが、分類法の等級評価基準書を作成して職務基準書（あるいは記述書）の内容を照らし合わせ、およそこの等級に当てはまりそうだと思えるならその等級（グレード）に格付けするというものです。

　次に、点数法ですが、こちらは分類法の評価基準とは異なり、評価要素別に具体的な評価基準が定義され、要素別にその職務を評価していくことになります。評価要素別にウエイトが設定され点数の格差が明確になっていくのも点数法の特徴です。

人事部長　なんとなくですが、分かりました。でも、この評価基準書ですが、当社の業種にあっていないように思いますが、これを使うのですか？

人事コンサルタント　いいところに気づきましたね。これはあくまでも例ですので、評価基準書はこれを参考に自社の評価基準を評価者で作り直すことになります。

製造部長　この事例は、製造部門の評価基準書のようですが、企画職や総務職のようないわゆるホワイトカラーについても同じものを活用して評価をするんですか？　それだと、なんか納得できる評価にならないように思いますが。

人事コンサルタント　またまた、良い質問です。全く異なる評価基準書を作成してもらいます。

製造部長　ということは、ホワイトカラーは別な基準書があり、これを見直して当社に合った基準書にするということですね。

人事コンサルタント　その通りです。ついでにお話すると、管理・専門職も別に評価基準書を作成します。

製造部長・人事部長　うんうん。納得です。

人事コンサルタント　職務の概念が乏しく慣れていない日本では、1つの評価基準書で職務評価をしようとします。重複するような評価項目は確かに存在しますが、そんな万能な評価基準書を作るのは相当に困難です。

　例えば、皆さんが総合スーパーに行ったとします。果物のコーナーでスイカ、イチジクとモモで値段を見て比較し悩むことができるのは評価する項目が同じだからです。モモの値段とお弁当の値段、ましてや服飾品の値段を比較することはできないと思います。

　そもそも、それぞれの分野に関する評価軸があるからこそ価値判断できるのであって、果物と服飾品という全く異なった分野の物を同じ評価軸で価値を判断しようとすること自体が間違っているのです。ただ、スーパーで販売されている物ではなく人間が行う仕事の評価なので、製造（技能）職とホワイトカラーの職務で共通して使用できる評価要素があるのは事実ですが、評価する内容は異なりますので、やはり別々の評価基準にすべきです。

人事部長　その通りですね。その方が分かりやすいや。それぞれに評価をして、それぞれに納得できる値段がつく。つまり、職務と賃金もということですね。

人事コンサルタント　そうです。これは、悪い話ではないのですが、日本では

分類法例（技術・研究職群）【参考】

		責任	監督・被監督者の態様	資格要件	該当者
5級	極めて困難な専門的、科学的、技術的業務を遂行し定められた範囲の仕事について段取り・企画立案・調査研究等をなす。	実施した仕事に対して直接的責任を有す。	一般的指導監督を受け、中級研究員、技術員以下の指導監督をなす。	大学卒業後5年以上程度の専門的、科学的、技術的訓練と相当高度の経験を要する。	中級研究員 中級技術員
4級	一定の基準に従って極めて困難な専門的、科学的、技術的業務を遂行し困難な問題について独立的判断をなす。	同上	直接的または一般的指導監督を受け、初級研究員、技術員以下の指導をなす。	大学卒業後2年以上程度の相当高度な知識と訓練および経験を要する。	初級研究員 初級技術員
3級	一定の基準に従って相当困難な専門的、科学的、技術的業務を遂行し困難な問題について独立的判断をなす。	同上	直接的または一般的指導監督を受け、見習研究員、技術員以下の指導をなす。	大学卒業後6か月以上程度の専門的、科学的、技術的知識と予備的訓練と経験を要する。	補助研究員 補助技術員
2級	一定の基準に従って多少困難な専門的、技術的補助業務をなす。		直接または一般的指導監督を受ける。	高等学校卒業程度以上の専門的、科学的、技術的知識と予備訓練と経験を要する。	見習研究員 見習技術員
1級	単純な専門的、技術的補助業務または一定の基準に従って行う専門的技術の補助業務をなす。		直接的指導監督を受ける。	一定の専門的、技術的知識ないし予備的訓練と経験を要する。	研究補助員

分類法例（管理職）【参考】

	分類基準
5級	・下級の管理部門の長からの報告・具申等と他部門や社外からの情報に基づいて、経営の主要機能についての全社的方針の立案、または地域的総合経営機能についての運営方法の立案等を行い、これらの内容を経営の最高方針に具現化することを任務としている部門経営層、または機能別組織の最高の長の職務。
4級	・部門内の業務運営の適否が、部門構成員の高度の専門知識や企画判断力の有無に左右されるとともに、業務遂行の失敗が社の経営に重大な影響を及ぼすような単位部門を管理している長の職務。 ・高度の専門知識や企画判断力を駆使し、下級の単位部門の長からの報告・具申等と他部門からの情報に基づいて、経営の主要機能または地域的総合経営機能についての計画を立案することによって、上級の部門長を補佐する職務。
3級	・定められた手続きまたは定型化された業務を行う 20 人以上の部下を管理して業務を遂行する単位部門の長、または部下および業務の指導、統制、業務計画の立案、社内外との業務関連などについて、高度の専門的知識または企画、判断力を要する業務を行っている単位部門の長の職務。 ・下級の単位部門の業務や社内外の業務関連を調整したり、下級の単位部門の長に対して部分機能について高度専門的な援助助言を与えることによって、上級の部門長を補佐する職務。
2級	・定められた手続きまたは定型化された業務を行う 7 人以上 20 人未満の部下を管理して業務を遂行する単位部門の長の職務。 ・単位部門の長を補佐する職務で、部門構成員の中の専門知識や判断力を要する業務に従事している 3 人以上の従業員を指導監督し、高度の専門知識や企画判断力を駆使して業務を遂行しているもの。
1級	・定められた手続きまたは定型化された業務を行う 7 人未満の部下を管理して業務を遂行する単位部門の長の職務。 ・単位部門の長を補佐する職務で、部門構成員の中の専門知識や判断力を要する業務に従事している 3 人以上の従業員を指導監督し、他部門との関連を考慮する機会の多い業務を遂行しているもの。 ・単位部門の長を補佐する職務で、定められた手続きまたは定型化された業務を行う 10 人以上の部下を監督する職務。

点数法評価基準例

評価項目	1	2
知　　識	①簡単な読み・書き・計算が求められる（伝票等の読み書き） ②製品・部品の基礎常識（分類程度） ③機器・治工具の取り扱い要領の理解を必要としないが単純な作業手順の理解を必要とする	①幾つかの計算方法が求められる（統計計算等） ②担当製品・部品の名称・コードと現品を一致させて理解していること ③単体の機器の操作手順・要領を理解していること
技　　能	①品質の良否までの判断を要しない ②取り扱いの習熟を要しない ③機器・治工具の操作技量は起動・監視・停止程度	①明らかな外観品質の良否の判断が求められる ②丁寧に取り扱うための習熟が求められる ③機器・治工具の操作や簡単な調整ができること
精神的負荷	①動作・行動の自由はあり、作業の拘束感は殆どない ②五感による緊張を要しない ③Gr作業での共同作業者への配慮による緊張感は殆どない ④時間に追われる切迫感は殆どない	①動作・行動の自由はききにくく、作業の拘束感が感じられる ②五感による緊張が多少ある（断続的注視・動きながらの読み取り） ③Gr作業での共同作業者への配慮が求められ、緊張感がある ④時間に追われ、切迫感がある
肉体的負荷	①殆ど連続的に動き回ることは無く、軽作業で夏以外で汗ばむことはない ②取り扱い物も軽く、また小さく片手で取り扱える。時として両手で取り扱う場合が断片的にある	①軽い物を持ったり、台車を押したり連続または断続的に限定された範囲で動き回る ②やや無理な作業姿勢や局部的な身体の動きが連続し、多少の疲労感が残る
作業環境	①汚れ・騒音・臭気等は殆どない ②ケガ等の危険な要素は殆どない ③寒暖の影響は殆どない（空調設備はある）	①若干の汚れ・騒音・臭気等はあるが、慣れれば気にならない ②若干のケガ等の危険な要素はあるが、軽微なスリ傷・手の荒れ程度で、通常の注意力で防止できる ③断続的であるが寒暖の影響を受ける ④軽い防護服の着用がある
業務責任	①作業は単純・補助的で平易で失敗の影響は殆どない	①上司・上級者・次工程の点検を受け、失敗しても、その影響は少なく、手直しや挽回策は比較的容易にできる ②品質・納期等のチェック確認のミスや異常報告のモレ・遅れは次工程の作業能率を低下させたり、コストのロスを発生させる

3	4
①前後工程及び関係先の業務の内容あるいは終わり方を理解していること ②取り扱い製品・部品の機能・構造・用途・LT等を理解していること ③多機種あるいは複雑な機器やパソコンの操作手順、要領を理解していること	①過去からの製品の推移や技術特性の理解が求められる ②作業トラブルの原因と対応方法の関係についての経験的な知識が求められる ③多数の工程あるいは関係先の業務内容あるいは係わり方を理解していること
①微妙な感覚的判断（視覚・嗅覚・触覚・聴覚等）や手先の微妙な器用さや熟練が求められる ②定めれれた範囲ではあるが簡単なやり方の判断や工夫が求められる ③機器の簡単な修理・調整ができること（分解・組立）	①視覚と手先の微妙な協応動作、器用さや熟練が求められる ②常にその場の状況にあわせて定められた基準に準拠して判断ややり方の工夫が求められる（手法を駆使したプログラミングの駆使が求められる）
①連続して機器等に拘束され、自由な動作・行動が出来ない ②五感による注意力を持続することが求められ、業務中に時々手を休めなければならない	①連続して拘束され、その間強度の注意力を持続しなければならず、通常の休憩時間の外に時々休憩をとらなければならない
①連続して動き回る中に、断続的に力を要する作業が含まれ、汗ばむことがある ②断続的であるが無理な作業姿勢や局部的な身体の動きがあり、作業終了後は多少の疲労感が残る	①力を要する作業が連続し、且つ動き回り、冬でもしばしば汗ばみ、慣れないと苦しく感じられる ②無理な作業姿勢や局部的な身体の動きが連続し、断続的に作業の中断や休憩を取らないと作業能率が低下する
①騒音・異臭が強く、慣れても不快感を感ずる ②災害が起これば、ある程度のキリ傷・打撲傷・火傷が予想され、十分な注意力が求められる ③常時、高温で頻繁に発汗したり、逆に断続的ではあるが寒く、防寒具の着用が必要	①常時、騒音・異臭・寒暖条件が厳しく保護具を必要とする ②災害が起これば重大災害の可能性もあり、注意のほかに定期的な訓練を必要とする
①上司・上級者・次工程の点検を受ける事は少なく、失敗した場合、関係先への影響は大きく、手直しや挽回策は大変で混乱をまねく ②品質・納期等のチェック確認のミスあるいは仕分けのミスや数量の過不足は直接客先や主工程で発見され、客先選別・ラインストップ等や信用の低下をまねく	①上司・上級者・次工程の点検を受ける事は殆どなく、失敗した場合、関係先への影響は大きく、手直しや挽回策はなかなか難しい ②品質。納期等のチェック確認のミスあるいは仕分けのミスや数量の過不足は直接客先や主工程で発見され、客先選別・ラインストップ等でペナルティをまねいたり重なれば信用の失墜をまねく

125

生まれながらにして人はみな、能力を同じく保有しているという解釈をしていることが、この問題の始まりです。戦後、技能職（ブルーカラー）と事務・技術職（ホワイトカラー）を同じ扱いにした、非常に平等な国ともいえますが、異質なものを無理して同じ評価軸で判断しなければいけないという呪縛にかかりました。その解決策の１つが、客観性がないために汎用性の高い能力を基準にしたというのが今の状況を招いてしまったと思います。根拠が乏しいその無理が、今度は非正規社員という身分差別を生み、処遇格差につながっているという反省が必要です。

　無理が支障をきたすことになったのですから、平等についての考えを整理した方がいいのと、コース転換という機会の平等を制度的に確立することが重要です。この意味でも、個々のキャリアに寄り添える能力開発制度は重要です。

人事部長　職務評価って奥深いですね。

人事コンサルタント　評価そのものは評価基準書を作れば簡単なことですが、人間を差別しないために生まれた方法であり、同一労働同一賃金の基礎となっています。これがこれまでに定着していない日本は人権においても本当に後進国ということでもあります。

人事部長　この大事な職務評価を誰がするのかも重要になりますね。

人事コンサルタント　その通りです。先ほど技能職、事務・技術職そして管理・専門職という職業区分ごとに評価基準書を自社版として作り直すという話をしましたが、このメンバーが、全職務（職務が多い場合は、基準となる職務）を、職務評価をしていきます。

　この評価メンバーは、公正さを保つために、評価する職務を見渡せ（他職務の内容がおよそ理解できている）、かつ評価要素ごとの基準を理解できる立場にある者を選ぶことになりますが、多くの場合は部門責任者を中心に構成されることになります。またこの際、経営者の関与は避け、独立性をもたせることが大事です。また、労働組合や第三者の関与があるとより公正性が高められます。

人事部長　できるかどうか、やはり不安です。

人事コンサルタント　不安を解消するために、事前に演習で基礎知識を得ておいていただきますので、大丈夫です。演習を通して、職務評価に対する理解、分析判断する評価能力の習得や、評価基準は当社であればどういう内容（評価

要素も含め）になるのか、当社で評価者を集めるなら誰を選定しないといけないか…などを考える機会となります。

人事部長 少し安心しました。

Column	多能工と職務評価

多能工には多くの類型があります。①常時、同程度の難易度のタスクを遂行する場合、②適時、同程度の難易度のタスクを遂行する場合、③定期的に、同程度のタスクを交替する場合、④突発的に、同程度の難易度のタスクを遂行する場合、などありますが、職務の単位は個々の作業者に割り当てられているタスクを基盤とします。そのうえで、明確になった職務の内容を判断して職務評価を実施することになりますが、例えば、タスクの難易度は初級レベルであっても、必要な知識量、精神的負荷、熟練度などの面で１つのタスクを繰り返し行う単能工とは違ってきます。ただ、これが分類法だと時間内で初級タスクを複数している「初級の上ランク」という大雑把な捉え方になりますが、点数法によるグレード（等級）数の設定方法では、グレードの点数幅の取り方によって、職務評価点数として明確に区分していくことが可能となります。従業員の納得性に配慮するならば、当然、後者の評価方法が優れていることは間違いありませんが、会社の人事管理能力との相談になります。

（2）職務評価による序列（等級）数の決め方

人事部長 職務評価をして点数が出れば、点数で序列が決まりますが、等級数はどうするのですか？

人事コンサルタント 等級数は従業員の納得性と会社の管理能力で決めていきます。つまり、等級数を少なくすれば管理はしやすくなりますが、１つの等級に複数職務が格付けされることで、本来、序列上で差があると認識していた従業員が不満を持つことになります。逆に、等級数を増やせば、職務間の序列は

明確にできますが、管理面が煩雑になることと、ジョブ・ローテーションが難しくなることなどが挙げられます。ただ、近年の日本企業の等級数の圧縮傾向は、職務を管理するには楽になりましたが、従業員の納得性の面からはかけ離れているように思います。

人事部長 当社も一時、6等級を3等級に圧縮しようという話がありました。

人事コンサルタント ええ、20年ほど前に流行りました。これも日本企業の大間違いの解釈でした。欧米における経営革新におけるビジネスプロセス・リエンジニアリングの下での職務等級数は全職業区分（技能職、技術・事務職、管理・専門職）で数百等級ほどあったものを、経営環境の変化に適応するために職務を再設計（統合）したことで、職務数が圧縮されたことに連動し等級数も減少したというものです（P.103「プロセスアプローチと職務再設計」参照）。それでも職業区分別に15等級ほどあります。職能資格制度のたかが9等級前後のものを5等級にするのとは全く意味が違います。

人事部長 なるほど。おかしいと思ったんですよね。現在の当社の等級数でも足らないと思うことがありますから。従業員の納得性と会社側の管理能力ですね。

人事コンサルタント そうです。具体的には、まず評価基準書の段階数を最低等級数とし、職務評価後の仮格付けを一度実施してから、各職務内の職務の評価点数と従業員側の納得性を判断しながら等級数を設定していくのが妥当です。

人事部長 職業区分別に等級数が違ってもいいということにもなりますか？

人事コンサルタント その通りです。違っていて当然です。

人事部長 分かりました。従業員の納得性は上がりそうですね。

人事コンサルタント 等級数の設定方法には、等差級数法、等比級数法、等差等比級数法の3つの方法がありますが、これは評価要素のウエイトの付け方に連動していることだけ認識しておいてください。

(3) 職務等級制度を中小企業の事例で確認する

人事部長 職務評価結果で職務を序列付けするということですが、申し訳ないのですがイメージがわきません。

人事コンサルタント　分かりました。では、こちらをご覧ください。御社と同規模のある中小企業の事例です。

社長、人事部長　へえー。今まで見たことないな。

人事コンサルタント　そうだと思います。これが、職務等級制度です。職務設計された後、点数法によって評価され、グレードに職務が格付けをされています。このグレードごとに賃金が範囲給で設定され、賃金が運用されることになります。

人事部長　なるほど。人がではないという意味がよく分かりました。ただ、今の職能資格制度では下位等級から 1 級ずつ昇格していくのですが、これは？

人事コンサルタント　そうです。よく気づきましたね。新入社員の段階（初級）から賃金（初任給）は職務によって異なりますし、営業であれば初級職は 11 級、中級職は 8 級、上級職は 5 級と賃金が上がってきます。これが、職務の価値と賃金の結びつきです。

社長　これは驚いた。ここまで職種や職務で差が付くのか…。

人事コンサルタント　いや、これはこの会社の納得感の問題で、グレードの点数幅を 100 点ではなく 200 点にすれば、評価結果による格差の納得性は低下しますが、賃金幅は別として違和感は感じなくなるのではないですか？

人事部長　確かに。

人事コンサルタント　ただ、職務評価をするとはっきりと普段感じている職務価値の違いが明らかになりますので、この会社では点数幅を広げずにこれで運用することにしました。先に、アメリカで職務を統合したことによって等級数を圧縮したことをお話しましたが、これによって社員から不満が出てきたということです。当然ですよね。これまで「あの職種よりは私は上で、賃金も高かった」と思っていたのが、一緒に扱われるわけですから。

社長　なるほどね。これまでとは違って本当に慎重に扱わなければいけないということですね。

人事コンサルタント　そうです。それは、設計前から始まっているということです。職務分析、職務設計や職務評価を慎重にしなければいけないことがこれで分かっていただけたかと思います。

社長、人事部長　はい、よくわかりました。

人事コンサルタント　これと同じように、技能職、管理・専門職にも等級制度

があります。それぞれ評価基準に基づき評価をし、職務を点数化して各等級に格付けすることになります。

人事部長　なるほど。賃金はどうなるのですか？

人事コンサルタント　それぞれに標準賃金水準（ポリシーライン）を設定し、設計することになります。

人事部長　なるほど。複線というわけですね。

人事コンサルタント　その通りです。今でも実際には手当を含めれば複線になっていますよね。それが基本給で分かれていくということになります。

人事部長　よくわかりました。ある意味、職能資格制度よりは説得力があるというか、理論的ですね。

人事コンサルタント　そうかもしれませんが、職能資格制度であっても、職務調査を実施したうえで、従業員の能力を評価基準に基づき評価（職能評価）すれば、それなりには説得力もあるのですが、職務調査、職務設計、職能評価をしないのですから仕方ない結末と私は残念ながら思います。

グレード	点数 （以上）	職　　務
1	1500	営業係長
2	1400	営業企画係長・サポート技術係長・システム管理係長
3	1300	総務人事係長・経理係長
4	1200	営業主任
5	1100	営業企画主任・サポート技術主任・システム管理主任職・営業上級職
6	1000	総務人事主任・経理主任
7	900	営業企画上級職・サポート技術上級職・システム管理上級職
8	800	総務人事上級職・経理上級職・サポート技術上級職・営業中級職
9	700	営業企画中級職・サポート技術中級職・システム管理中級職
10	600	総務人事中級職・経理中級職・業務中級職
11	500	営業初級職
12	400	営業企画初級職・サポート技術初級職・システム管理初級職
13	300	総務人事初級職・経理初級職・業務初級職

（4）職務評価結果の序列に応じて賃金は決まる

①職務給の決め方

人事部長　この等級ごとに賃金は決まってくるという認識でいいでしょうか？

人事コンサルタント　そうです。等級制度は同時に賃金の高さを示しているだけですので、分類法や職能資格制度のように等級定義を定められません。少し繰り返しになりますが、評価要素別にウエイトがありこの合計点数で等級に格付けするため、明確に定めることは不可能です。無理に定義したところで逆に曖昧となり分類法と変わらなくなります。

人事部長　点数法、分類法に関係なく、等級が賃金を決め、そこに格付けされる職務の価値ということですね。

人事コンサルタント　はい。そして、賃金の高さ（水準）は、職業区分ごとにポリシーライン（標準者賃金水準）を定め、等級ごとの基準額を決めていきます。

社長　ポリシーラインですか？　それは当社が決めるんですか？

人事コンサルタント　そうですね。欧米のように企業横断、職業別に賃金が決まっているわけではないので、公表されている賃金統計（P.132「コラム　賃金統計資料」参照）と比較し、今後の支払い能力を見ながら決めていくしかないですね。底上げした賃金水準を下げることは余程の経営状況にならなければ不利益変更となりできませんから慎重に決めていくしかありません。

　よく、勘違いされているのが、同じ職務であれば世間でも同じ賃金だ！　と思っている人がいますが、基準となる金額は決まっていても、海外でも隣の同業者より1円でも高くして人を採用、維持していくのは当然で、実際には同一ではありません。日本人って極端に捉えすぎ、そのうち間違った勝手な解釈にしていくのが得意なんですよね。

人事部長　それでは、この地域のおよその賃金水準なども調べておかないといけないですね。

人事コンサルタント　賃金設計に入るまでにぜひそうしておいてください。やはり、地域の賃金水準を無視した人の採用、維持は難しいですので。基本、仕事の価値は外部労働市場でも決まるため、外部市場を意識しなければ人は採用できないですよね。

人事部長 その通りです。初任給、パートタイム労働者の時給は典型例ですね。

社長 まあ、社員の賃金も業界の社長仲間や関係者に聞くなど意識してますから、そう世間と離れてはいないと思います。

Column **賃金統計資料**

　各地域経営者協会、中小企業団体中央会、各都道府県商工会議所などで実施されている、初任給統計、モデル賃金統計、賞与・一時金統計、退職金統計と厚生労働省の「賃金引上げ等実態調査」、人事院の「職種別民間給与実態調査」、中央労働委員会の「賃金事情」があり、これらを特殊統計といいます。

　標準者賃金の設計に関しては、経営者協会の「標準者賃金」、商工会議所の「モデル賃金」を活用します。標準者（モデル者）とは、学校卒業後、直ちに入社し、その後も引き続いて同一企業に勤務し、標準的な昇進をしたものについて、たとえば「大学卒・事務・27歳・勤続5年」というように学歴・職種・年齢・勤続年数について設定条件（モデル条件）をあらかじめ定め、それに該当する者の賃金額を各設定条件ごとに単純算術平均し、その水準を確定しています。

---

②職務給とその昇給方法

人事部長 あと、よく職務給は昇給がなくなると聞くのですが、本当はどうなんでしょうか？

人事コンサルタント これも、職務給に対する過度な認識による間違いです。確かにアメリカの労働組合員のように人事考課を拒否してることからシングルレートにならざるを得ない者はいますが、いまや多くの労働者は非労働組合員で会社としては業績考課をしており、評価に応じて付加給が支給される仕組みになっています。つまり、日本のような定期昇給ではありませんが、業績給（付加給）は支給されているというのが現実です。ただ、会社によっては下位等級の職務において基準能率になるまで自動昇給があるところも存在しています。

人事部長　ということは、査定昇給のようなものは一応あるんですね。

人事コンサルタント　はい。あと、これに関して2つほど誤解されていることがあるのですが、1つは先ほど述べたように日本のように人事考課結果によって毎年昇給（定期昇給）するようなものではありません。もう1つは、営業などに適用される歩合給は別として場合によっては賃金が昨年よりも下がるような洗い替え方式の賃金は基本ありません。

人事部長　定期昇給という考えはないということですか?

人事コンサルタント　そうです。職責を100%達成（評価B）で昇給ゼロです。そもそも、この査定昇給という定期昇給は、日本の特徴で、それぞれの職務内容が明確になっていないため、できる限り多くの労働をさせるために、労働者を刺激し、競争させようという考えでできています。職務等級制度では、職務・職責は明確になっており、職責を果たすことが賃金の前提ですので、決められたことができて当然ということが前提となります。

人事部長　業績評価によって昇給していくにしても上限のある範囲給ということでいいですか?

人事コンサルタント　その通りです。そして、これは習熟する期間によって大体決まってくるため、下位等級の職務ほど習熟期間は短く、このため上限額は抑えられることになります。つまり範囲給の幅は狭いということです。

人事部長　その部分では、人事制度の根底は違いますが、賃金の設計、運用という意味では、職能給と同じようにできるということですね。

人事コンサルタント　その通りです。これに付け加えて説明しておくと。「裁量の時間幅」という考え方があり、自己裁量の大小で賃金の高さや幅が連動しています。

人事部長　ということは、ホワイトカラーのナレッジワーカーや管理・専門職の範囲給の幅は大きいということですか?

人事コンサルタント　そうです。さらに、参考程度に話をしておくと、アメリカでは市場評価法といって、「この職務内容ならいくら」で決まっており、職務分析や職務評価を実施していない企業も多いといわれています。それだけ、職務が標準化されているということですが、逆にしっかり職務内容を抑えておかないと訴訟が起きやすい状況になってきているともいえます。日本のように内部労働市場における内部公正性を高めていこうとするものとは異なっていま

す。

人事部長　しかし、日本で定期昇給がないというのは、なかなか受け入れがたいような気がします。

人事コンサルタント　それはよく理解できます。ただ、職務給の最低賃金レベルが高いこともあります。あとは、職務給の原則を踏まえることです。そのうえで、評価C、Dでの昇給をどうするかを考えることです。

人事部長　つまり、評価Cなら若干の昇給をして、Dなら昇給無しということですか？

人事コンサルタント　そういうことです。原則を理解したうえで、会社で決めればよいことです。

人事部長　分かりました。

人事コンサルタント　また、前年度の職責をそのままにしておきながら、次年度の目標数値（質・量）が前年対比で自動的に上がっている場合、つまり次年度の目標が前年度の職責を上回っており、これを達成すれば毎年評価Bであっても昇給せざるを得なくなります。

人事部長　つまり、基準の決め方、運用の仕方次第ということですね。

人事コンサルタント　その通りです。本来、職責の変更をし、場合によっては職務評価をしたうえで、職務給の変更が必要であればこれをしなければなりません。

　また、職責を標準ではなく平均的な基準にした場合も同様に、目標達成がしやすくなりますから、毎年目標達成し、毎年昇給する場合もあるでしょう。会社の設計・運用次第です。ただし、何度も申し上げますが、原則は忘れないでくださいね。

（5）改めて人事異動と賃金について再確認

①職務給とジョブ・ローテーションの理解

人事コンサルタント　これまでの年功的、職能給と大きく違うのは、職務が変われば賃金が変動せざるを得ないというところですかね。ただ、これも極端に捉えられており、職務が変更になれば常に…と思われていますが、等級内の職務であれば賃金は変更されることはありませんし、範囲給が重複していた場合

は変動することもありません。

人事部長　ということは、余程の異動でない限りは賃金の変動もないということですね。

人事コンサルタント　そういうことになります。これは今でも同じではないですかね。相応しい職務に異動、つまり保有能力を前提に同じような価値の職務に異動していると思います。職務評価を実施しているわけではありませんが、本社課長が子会社部長に異動するなどは価値が同等と思っているからこそできるのです。したがって、問題になるような全く見当違いの職務に異動するのは余程のことと判断できます。

社長　しかし、ジョブ・ローテーションをさせながら育成は行っていく方がいいと思うのですが。そうしてきましたし…。

人事コンサルタント　そう思ってきただけかもしれませんよ。ジョブ・ローテーションで上位職務に上がった者は確かにゼネラリストとして全体感をもってマネジメントができるようになるかもしれませんが、反面、部下にとっては"自分たちを指導できない調整型の上司"と思われているかもしれませんよ。職業という認識が足らず、全社だ、全員で…を優先し、ゼネラリストばかり育ててきた結果が今の日本企業の状態ですからね。間違いなく見直す時期になっていると思います。

　どうしても、ジョブ・ローテーションをしながらでしか育たないというのであれば、その根拠が必要で、ただローテーションをすれば育つというものでもありませんので。特に、若い時期に数年単位でローテーションをすることは職業上のプロ意識どころの話ではなく中途半端なスキルにしかなりません。また、せっかく高い能力を持った人材を他に異動させ、わざわざ生産性を低下させるのですから、経済性を考えれば会社的には一時的にでもコストアップになるんですよね。こんなにコスト競争が激しいご時世で、もったいない話です。

　私はジョブ・ローテーションを否定しているのではなく、これを実施する明確な理由を持つべきと思っています。

製造部長　我々は、前後工程を分かって欲しいというのがあります。また、品質検査なども、顧客の視点での品質意識を高めるためには必要です。

人事コンサルタント　明確でいいですね。それは、何年も必要ですか？

製造部長　何年もかかるような作業はあまりないですね。

人事コンサルタント　そういうことなら、研修でもできますし、半年ほどの教育的な異動でも十分ということですね。

製造部長　そうなります。

人事コンサルタント　そういうことであれば、賃金も変動することはなく、運用でなんとかなります。

製造部長　ただ、現場で監督者になって欲しい者は、色々な工程を経験し、応援できるようになっておいて欲しいのです。そのためにはローテーションは必要なのです。場合によっては、熟練するまでに2、3年はかかる工程があります。

人事コンサルタント　ここまでの話で答えは出てきました。ジョブ・ローテーションには2種類ある。①単に前後工程をできるようにしておく、②監督者あるいは応援できる高度熟練者の養成、ということです。

　①は既にお話したとおりですが、②の場合は、どういう人間にそのキャリアを踏ませるかですが、これは選抜される数人になるはずです。つまり、この数人については、計画的に教育訓練しながら、計画的に上位の職務に上げていくことが求められます。つまり、職務の異動で賃金の減少がないようにすることが可能です。これは、職種が変わり、賃金が変動するような異動も同じです。職種は違うけど、同じ等級（グレード）の職務への異動なら賃金に変動はありませんから。

社長　なるほど。今よりもできる管理者、監督者、高技能者（マルチタスク）が育成できそうです。能力主義といいながら、本当に計画的に育成してきたかといえばこれまではそうできなかった。とにかく、辞める、補充する、残った人間が指導力もないのに上に立つ。これできましたから。

人事コンサルタント　計画的な能力開発、キャリアアップは人材の定着、モチベーションの向上につながります。ただし、これを運用するためには、職務等級制度と人事考課（業績考課）制度および能力開発制度の丁寧な運用が必要です。ここで、重要になるのが、人事部の役割ですね。

人事部長　計画どおりに育成できるように各部門を支援するという意味ですね。

人事コンサルタント　その通りです。

②組織を硬直させない方法　～プロセスを常に変革し、ゆらぎを起こす～

人事部長　１つここで質問があるのですが、人事、組織の硬直化が起こるような気がするのですが…。

人事コンサルタント　ポスト主義になり硬直化していくという批判は確かにあります。しかし、職能資格制度でも同じことが起きている企業はたくさんあります。

社長　確かに。組織体制ばかりいじっている会社は周りにも多いですよ。

人事コンサルタント　そうでしょ。中身が伴っていないのに組織体制ばかり変える会社あるでしょう。これ意味ないですし、むしろ混乱の元です。

　組織は経営環境によって変えていかなければなりません。プロセスも同様です。今回の制度改訂において実施する職務分析、業務分析および職務設計は、マイナーチェンジもあれば、モデルチェンジもあるでしょう。

　まさに、これは経営者や経営幹部の役割であり、常に危機感を持たせ、組織にゆらぎを起こさせ偶然性を取り込みイノベーションにつなげるために、プロセスを変えるリーダーシップの発揮が求められます。

社長　慢心しないように…ですね。

人事コンサルタント　あともう１つ。硬直させない方法があります。これは、自動車製造工場で行われていることですが、バトンタッチゾーンというのがあります。これは、個々の作業者の役割（作業分担）は決まっているのですが、前工程が遅れている場合、後工程の作業者のゾーンの範囲内で前工程を助けるというものです。この助け合いができるのも、やはり明確に職務が設計されているからこそ、問題を起こすことなくできるのです。後工程ができなくても、班長、職長が応援に入ることになります。

製造部長　素晴らしいですね。我々もさらに改善を進めていかなければならないですね。しかし、聞くほどに厳しい制度ですが…（苦笑）。

8. 運用上の留意点

(1) 職務等級制度だからこそ明確な能力開発ができる

人事部長 どうしても私は人事考課が気になります。これまで能力主義、育成主義を標榜してきましたから、これを真逆に変更するようなイメージがありますし、従業員もそう思うのではないでしょうか？ これに関してはどのように対応していくのでしょうか？ もう少し教えてください。

人事コンサルタント おっしゃることはよく分かります。職務等級制度の人事考課は業績考課であることは既にお話したとおりですが、部長がご心配するように能力主義を捨てるというような間違った印象を与えているのは事実であり、これも大変な誤解です。職能資格制度における能力も、「企業が期待する職能像」が基本で、この職能像は、等級基準とこれに添った職務基準からなり、仕事（職務）と切り離されて存在しているものではありません。

人事部長 私も同じ認識ですが、どうしてここまでイメージが悪くなったのか…。

人事コンサルタント それはバブル経済崩壊以降の日本は企業も公共も人に投資をすることなく、先進国の中でもかなり低いレベルとなっています。ここまで落ちてそれでも「能力主義」といい続けているのは、過去の成功体験へのこだわり、あるいはこれまでの既得権を維持するためとしかいいようがありません。つまり、「我々が勝ち取ってきた年功賃金を守ってくれ！」という叫びのようにも感じます。今や年功主義とはいいたくないだけのように思ってしまいます。

社長 確かにそういう面もありますね。まあ、中小企業では、お金もないし、管理職研修や監督者研修をするだけでも精一杯なのですが、私を含めて教えることが上手な人間は上にはそういないので、どうしてもやらざるを得ないのですがその効果は？ と聞かれたら説明するのに苦しみます。ただ、やらなきゃもっとダメだったと思います。

人事コンサルタント その通りと思います。ただ、研修は教える内容は同じでも、やり方の問題だと思っています。私自身、新卒で入社した会社の時から人材教育に携わっていますが、大体、研修機関の一般的、汎用的な研修ばかりで、

現場で本当に必要とされる実践的な教育研修が企業内で行われていたところは少なかったと思います。だから、この世界（コンサルティング業界）に入って、私はあくまでも企業の課題に合わせた実践力を従業員が習得できるような研修を企画、指導し始めました。企業の実際の事例や現場を活用するなどして。これができるようになったのも、ある一人の先輩の指導のお陰なんですが…。

社長　なるほどね。それは実践的ですね。

人事コンサルタント　はい。それでは、誤解して職務等級制度が能力主義を否定しているかのように捉えられていることへの回答ですが。能力開発方法の内容を職責から明らかにすることと、これらをキャリアパスに連動させ、能力開発規程として従業員に明示することが大切になってきます。

　上位の職務に上がるためには、職務基準書を見れば分かりますが、どうしたらいいのか迷わないように、能力開発方法の内容を予め用意しておくと安心します。

人事部長　能力開発方法の内容とは？

人事コンサルタント　教育プログラムのことです。これは、OJTでできることや、OFF-JTでなければできないこともあるでしょう。いずれにしても、これらを用意しておくことが大切です。

　また、会社が用意する研修以外に、外部での自己啓発に対する補助金などの制度も構築しておくとよいでしょう。

人事部長　なんか大企業みたいですね…。

人事コンサルタント　何、無責任なことをいっているんですか！　部長が対策を教えてといったんですよね。できる範囲で精一杯支援するしかないじゃないですか。部長はこれまで通りの年功でいいじゃないかとでも思っているような、後ろ向きな発言が多いですよ。

人事部長　いや、すみません。そんなことはないです。変えることに不安なだけです。

人事コンサルタント　お気持ちは分かりますが、まだ導入する

とも決まっていないわけですから、今はまず理解するよう努めてくれませんか。これからの改革において、従業員たちの否定的、悲観的な話の中で、今の部長の発言や姿勢では、この人事制度改革は上手く行きませんので、注意してください。そんなことは分かったうえで、こっちも必死で状況に合わせてやるのですから。せめて気持ちだけでも前向きにお願いします。

なお、この能力開発のための研修内容を構築するポイントは、既にお話しているように、標準作業が標準時間でできるようにするために、つまり、早期に一人前（それぞれの職務で一流）にするために、その期間を目標設定し、教育手順だけでなく、教育内容に合わせたテスト方法を設定し、またコツが必要な作業については訓練キットや教育動画を製作するなど、いかに短期間で知識と作業ノウハウを習得させるか科学的に追及し続け、教育プログラムそのものを改善していくことが求められます。

なんせ、早期に一人前にすることで、製造1単位当たりのコストが下がるだけではなく、本人の成長に対するモチベーションや、丁寧に指導されることで人間関係も強固なものとなり、エンゲージメントも向上します。

このように、教えられる側に立った教育プログラムとこれを維持させるための能力開発規程は絶対で、この原点に職務分析があることも再確認しておきたいと思います。

社長　これだけのことをしておけば、これまでどころの話ではなく、確かに能力主義、育成主義といえますね。そして、なによりも生産性向上になります。今の話は、現場作業者の話でしたが、ホワイトカラーについては、先ほどの暗黙知を形式知化していくことにあるという理解でいいですか？

人事コンサルタント　その通りです。マニュアルは増えますが、高いレベルでの標準化とその改善が職責において進みます。ということは、全ての職務において、設定された目標を達成するために、行動し、改善するPDCAサイクルが回り、従業員も目標に向け考え出すことになります。

マニュアルに対する誤解から、多くの企業がこれを理解せず、やりもせず批判をしますが、いい加減な管理しかできていない今を少しでも変えなければ、明日は今よりも厳しくなるということが分かっていません。残念なことです。

(2) 職務を完遂させるために能力開発制度を充実させ、ミスマッチが起こらないようにアセスメントをする

人事部長　むしろ、職務等級制度の方が、職務に必要な能力に基づく、育成主義の制度であることはよく分かりましたが、もう一点、まだ分からないところがあります。

　それは、能力開発をして上位の職務ができるようになったら、上位の職務に異動（昇級）させてもいいということになりませんか？　そうなると、職能資格制度と同じだと思うのですが…。

人事コンサルタント　職務は課業の集まりですので、本当に全課業ができるのであれば、その方は、現職務でも業績評価は標準以上ですし、昇級の可能性は大いにあります。ただ、その上位の職務のポスト数が必要かどうか検討しなければいけません。職務等級制度は、定員管理が厳正という誤解がありますが、既に申し上げたように、戦略や予算の中で必要であればポスト、ポジションは管理者の判断で増やすことは可能です。上位の難易度、責任度の高いポストが増えることは、企業の発展につながります。また、突然の欠員が出た際の交代要員にもなります。事業責任者として、責任をもって必要な予算を組む、それだけのことです。

　ただ、注意すべきは、その増やした職務の数によって、これに連動する他職務の業務量への影響を考慮しておく必要がありますし、他職務を増やすことになるでしょう。これは企業にとっては良い話で、そのために普段から育成をしておきましょうということになります。

人事部長　なるほど。自分から質問をしておいておかしいのですが、そのためにもアセスメントはしておいた方が良いということですね。

人事コンサルタント　その通りです。そしてそのアセスメントは、上位職務の職務基準書と能力開発計画（書）に基づき行うことができます。実態に合わせて、かなり丁寧なアセスメント内容ですし、結果になると思います。ここでは、コンピテンシー評価も活用できますが、コンピテンシーはあくまでも経営環境が変化してる中での人の組織への適応能力を見ており、職務の遂行要件ではなく能力要件しかも潜在的な能力をいいますので当たるも八卦当たらぬも八卦で、参考程度と思った方がいいでしょう。

能力開発計画書

作成者：

作成者： □□
対象者： □□
面談日： □□

期待している
業務と能力
（能力開発目
標）

人事考課要素	現在の評価	具体的事実	現状の課題	能力を高める方法とその手順	必要な具体的な支援内容	評価方法と評価(中間・最終)期日	最終確認

育成計画

人事部長　そういうことなんですね。職務と能力開発、そしてポストの関係が
よく分かりました。

人事コンサルタント　いや…。問題は業績が落ちているときです。職責を果た
せず業績は悪いし、上位の職務への昇級もできないし、昇給もある程度のとこ
ろで止まってしまう。つまり、組織全体が停滞してしまうことは、否応なしに
起こります。これまでの職能資格制度であれば、昇格、昇給も当たり前のよう
にありましたが、職務等級制度ではこれがありません。むしろこれが健全なの
ですが、不思議なことに経営者含めてこれについて不安視します。職務は変わ
らず、昇級し、昇給もする…、生活があるのだからと善意で運用した割には、
エンゲージメントが低い。

　大恐慌だとか、パンデミックのように社会全体が停滞することは別として、
これ以外で起きる停滞感は人事制度の問題ではなく、やはり経営者、管理者の
問題であると捉え、成長戦略を推し進めることが、そして心やこれまでの会社
の魅力で惹きつけることだと思っています。当然のことですが、これが労使そ
れぞれの経営における役割というものではないでしょうか。私は、職務等級制
度を導入しなくても、この制度について考えることで、色々なことが理解でき
てくると思っています。

(3) 目標管理は業績評価の１つであり、重要目標達成行動が指標に落と し込まれていれば必要ない

人事部長　現在、全社員に対して目標管理制度を運用しているのですが、この
制度の扱いはどうなりますか？

人事コンサルタント　目標管理制度はアメリカでは今や死語といわれていま
す。既にお話したように、全ての職務で指標管理される業績考課が浸透してい
ます。そして、何よりも世界共通で職務記述書上に目標が設定されており、わ
ざわざ目標管理制度を導入する必要はありません。特に、製造現場の技能職や
事務・技術職の下位等級職務は定型業務を遂行していることから全く目標管理
制度の必要性もありません。元々、これもアメリカと異なり日本では誤った導
入がされていることを知れば、納得していただけるかなと思います。

人事部長　この制度もですか…。

人事コンサルタント　残念ながらそうなのです。そもそもこの目標管理は経営管理者が、経営者の目標をしっかり捉え、自部門の目標を他部門と調整するなどしたうえで、部下である管理職たちへ職責としてこれを落とし込み（目標の割り付け）、いかに実行、管理していくかを自ら記したものでした。つまり、経営管理者の自己統制のためのツールだったのです。

　日本に導入されたのは1960年代後半ですが、なぜか日本企業では全社員への展開として導入されています。これには色々と考えられるのですが、1つに職務が明確にされていないため、いくら人事考課（能力評価）をしたところで目標が達成できないことから、能力を基準とした人事考課を補完するものとして導入されたともいわれています。したがって、職能資格制度における人事考課の成績考課の中に目標達成度を並存させています。ある意味、能力＝職務＝目標になっていないことを認めているともいえます。

　もう1つは、目標管理制度導入の元になった参考書には2通りありますが、この一方だけを採用したという過ちです。2通りというのは、①参考書に訳されている「部下」を下位の経営管理者ではなく、従業員全般として捉えてしまったことと（ドラッカーの主張を受け展開したアメリカの経営コンサルタントたちが著した書籍）、②目標設定を動機づけとして全従業員を対象に導入（マグレガーの主張を受け展開したアメリカの心理学者が著した書籍）ですが、目標管理制度はドラッカーが初めてマネジメントの分野で活用したことまでは正しいのですが、そこからなぜか①ではなく②に解釈が変換されていることです。目標管理制度をどう活用するかについては2通りがあることには間違いはないのですが…、いかにも日本的な展開です。

人事部長　ドラッカーやマグレガーについては、これまでに目標管理制度の話の中でよく聞いてきましたが、そんな経緯があることは知りませんでした。しかし、先生はどちらを選択しているのですか？

人事コンサルタント　私は①を選択し、基本、管理者以上の自己統制ツールとして活用することにしています。なぜなら、非管理者たちの職務およびその職責は部門目標から指標設定されており、わざわざ目標設定する必要性がないということです。

　もう1つ、これはドラッカーが『現代の経営』で述べているのですが、そもそも目標管理制度における目標って何だと思いますか？

人事部長　改めて聞かれると難しいですね…。

人事コンサルタント　では、こう言い換えてみましょう。今日明日にも達成できることを目標管理制度上の目標といいますか？

人事部長　いや、それは目標とはいわないですね。

人事コンサルタント　そうですよね。目標は、「将来において頑張れば達成する可能性があること」そのため、明日（将来）を変えるための行動を要求するものです。つまり、目標達成することでイノベーションが期待されていることと解釈されます。

　では、全従業員に展開されている目標管理シートによく見る内容、「業務マニュアルを作成します」「3S を徹底します」などは目標でしょうか？

人事部長　目標でないとは思いませんが、本来の目標とは違いますね。

人事コンサルタント　その通りです。決められたことをしっかりやることは、目標とはいい難いということですね。そして、経営管理者が掲げた部門目標において、一般従業員が達成しなければならない目標ができたとしても、それは各職務レベルに応じたものであって、プロセス展開表上に新たに追加または修正（改善）されるべき程度のものに落とし込まれるものということです。

人事部長　ということは、一般従業員には目標管理制度は必要ないということになりますね。

人事コンサルタント　その通りです。

(4) 管理職の目標管理制度のあり方

人事部長　管理職の目標管理も必要ではないような気がしてきましたが…。

人事コンサルタント　正直、中期経営計画から短期計画として目標が各部門に落とし込まれ、それが経営管理者以下の職務基準書に目標とその達成行動に結び付けられているのであれば、必要ありません。しかし、ドラッカーがいう目標管理制度には非常に深い意味があります。ドラッカーは『現代の経営』の中で、「今日企業が必要としているのは、個々人の力と責任に広い領域を与えると同時に、彼らの志や努力に共通の方向を与え、チームワークを打ち立て、個人目標と協同の善とを調和せしめるような経営原理である。目標と自己管理によるマネジメントの原理だけが、共同の利益を一人ひとりの経営管理者の目標

とすることができる。」と述べています。

　経営計画の策定において、経営者の掲げる目標で本当にドラッカーの言葉にあるようなマネジメントができているのでしょうか？　上（経営者）から押し付けられた目標だからと部門最適で、勝手気ままに走っていることはないでしょうか？

　特に、中小企業の長所は、経営者による迅速な意思決定です。現代のように変化の激しい時代は、スピード感のある経営が求められます。しかし、多くの中小企業に見られるように、経営者のインフォーマルな組織構造に翻弄されています。しかし、部門責任者に"共通の方向を与え、チームワークを打ち立て、個人目標と協同の善とを調和せしめるよう"に目標管理制度は運用することが大切だと私は考えています。

人事部長　ということは、部下に目標展開する前に、管理職以上全員で経営目標について確認をするということですか？

人事コンサルタント　その通りです。経営目標が決まっているのであれば、これを全部長が受け、議論しながら互いに役割を設定していき、具体的にいつまでに、部下にどう行動させるか…を考えることになりますが、やはり、中期経営計画策定およびこの単年度での見直しから部門長を参画させ、部下に目標を落とし込むというのが筋だと思います。

人事部長　つまり、基本、経営計画あるいは単年度計画の策定時に目標管理制度を活用するという考え方でいいでしょうか？

社長　なるほど、経営計画策定時に全部門長に共通の認識を持ってもらうことと、互いの調整をしっかりと行うためにこの制度を活用しておけば、あとは従業員に対して自然に全体最適の目標が割り振られていくということですね。はーっ、目標管理制度は人事考課の1つの要素と思っていましたが、全く違いますね。驚きました！

人事コンサルタント　その通りです。そもそも経営管理者の組織運営のツールというか、マネジメントそのものということです。だからこそ、元々は人事考課結果に反映されていなかったのです。

人事部長　では、当社の目標管理制度は具体的にはどうなるのでしょうか？

人事コンサルタント　制度そのものは存在しますが、運用方法が少し変わります。先ほどのように、経営計画策定時に管理職を参画させ、目標管理シートな

どを活用し、自己統制できるようにしていきます。特に、イノベーションを狙っ
た重要目標については、部門目標や実行手順への丁寧な落とし込みが大切です。
そして、この結果は、管理職自身が行動を起こさなければならない項目に対し
ては業績考課の目標達成度の要素で評価されることになり、それ以外は部下が
実行し、自身がマネジメントした結果として業績の量・質で評価されることに
なります。

　部門によっては、重要目標に関与していない場合は、無理して目標を設定す
る必要はありません。粛々と、通常業務での目標の達成を目指していただけれ
ばと思います。

人事部長　少し人事考課制度での活用方法は複雑そうですね。

人事コンサルタント　複雑ではなく、部門責任者としての重要目標の有無だけ
での話ですから、実際に運用すれば簡単に理解できると思います。

　おそらく、今の目標管理制度の目標達成度が、通常業務の延長での目標が多
く、業績の量・質と重複して評価をしてしまっているので、複雑と思ってしま
うのかもしれませんが、むしろ重複している方が複雑というか、二重評価の間
違いですので、新制度の方が整理できると思います。

人事部長　確かに、目標管理の内容が通常業務そのものですし、結果も二重評
価してしまっています。おかしいんですよね。

人事コンサルタント　いやいや、そういう会社多いですよ。職務と目標、つま
り職責が明らかになっていないのですから、別途、目標管理制度を導入するこ
とでこれを補ってきたわけです。そのため、そもそも目標管理制度が運用でき
ていない大きな原因の1つです。今回、整理していきましょう。

Column **ドラッカーのいう目標管理の役割とその適用範囲**

　　ドラッカーは、「経営管理者は、事業全体の究極の目標が何であるか
を知り、その内容を理解する必要がある。そして自分に何が求められ、
それがなぜであるかを知り、理解する必要がある。かつ自らの成果が、
何によって、いかに評価されるかを知り、理解する必要がある。上位の
部門に対し貢献すべき経営管理者の全員が、その上位の部門の目標につ
いて徹底的に考える必要がある。換言するならば、上位の部門の目標設
定に、責任をもって積極的に参画するようになっている必要がある。こ
のようにして、経営管理者たちが上位の部門の目標の設定に参画する場
合においてのみ、<u>彼らの上司たる経営管理者も、部下たる経営管理者に
対し何を期待し</u>、いかに厳しい要求を課することができるかを知ること
ができる。」としています。

※下線は筆者が加筆。目標管理制度が管理職以上のマネジメントルーツであ
　ることが分かります。管理職以上の上司と部下のことを示しているにも関
　わらず、管理職と非管理職の上司と部下と誤解し、全社員に目標管理制度
　を導入してしまったことは、まさに日本における職務概念の希薄さを物語っ
　ています。

(5) 業績評価で改革、改善を推し進める管理・監督者が育つ

人事部長　これまで業績評価を意識してこなかったので、指標管理、数値管理
を当社の管理・監督者がどう受け止めるかやはり不安ですね。
人事コンサルタント　はい、それはそうだと思います。しかし、数値化しよう
と思えば、未来を見据えたうえで、どうしようかと論理的に考えることになり
ますし、曖昧さをできるだけ排除しようという思考になります。また、数値を
追いかけていれば異常の察知も早くなり適時に指導も可能になります。そして
何よりも、部下との共通言語、同じ尺度ができますので、コミュニケーション
ミスも生まれにくくなります。他に、数値化するメリットはたくさんあります

が、数値を意識するだけで目標達成指向は強くなる傾向になりますね。当然、反発する人もいますが…。

人事部長　そうですね。できる営業マンを見ていても、数値に対する執着心がそうさせてるんだなと思うこと多いですからね。なるほどね。

人事コンサルタント　指標化をできていないのに、しかも管理（監視）ポイントすら考えず、「無駄だ」という管理職が中小企業にはよくいるのですが、まあこういう方は"自分は管理を既によくできている"と勘違いされている方で、自身の枠を外せないのですから、全体最適はおろか、会社の将来を考えると足枷にしかならないと思います。やはり、まずは管理するポイントは外さず、徹底して数値化を目指す、そういう精神が管理・監督職には必要です。

社長　私なんか、会社の数値が頭から離れることはないですよ。私と同じようにとはいいませんが、せめてもう少し意識して欲しいですね。

人事コンサルタント　もう1つ。管理職の職務記述書と人事考課について確認をしておきます。

　既にお話しましたが、管理職の職務記述書をPOCCCで作成し、上司、部下に対し基準書に沿ったマネジメント行動をとることで、担当部署の業績につなげていきます。これは、業績考課の中の、業務管理という考課要素で評価されますが、このウエイトはそう大きなものにはなりません。やはり、結果（量・質、目標達成度）が中心になることは間違いありません。

人事部長　プレイング・マネージャーのプレイヤーの部分は評価するのですか？

人事コンサルタント　能力があって仕事ができるのは当然のことですから評価はしません。自身の結果（目標達成度）を含めて、部門業績の評価になります。

　そもそもプレイングしているから…と逃げ口上は通用しません。全責任は管理者にあります。自分がプレイヤーにならず、どうやれば生産性を上げられるか、知恵を出すのが管理職の役割です。特に、営業職は部下への対抗心まで出てきて、まとまりがつかない組織をたくさん見てきました。

社長　そうですね。

人事コンサルタント：社長も同じです。好き嫌いかは別として、もう一人自分がいたらと思うでしょ（笑）。

社長　いつも思っていますよ（笑）。

今期目標

業務機能	遂行業務	遂行業務内容	頻度	支店長	課長
計　画	1.業務計画書の作成	営業課題とその重要度を検討し、部下にどういう役割（目標数値）を与えるかを決める	6	○（アドバイス）	◎（作成）
	2.情報収集	得意先状況を考慮して、進捗の管理	1	◎（情報共有）	○（意見申請）
	4.定期商談、訪問	アポ取得の訪問の目的、主旨確認等	3,4	○（承認）	◎（アポ取得）
	5.商品プレゼン	アポ取得のプレゼン内容が営業方針に沿っているか、プレゼン後の計画の確認	3,4	○（承認）	◎（アポ取得）
	6.展示会出展	前年実績を分析結果と今の市場動向を分析し、今年度の方針を示す	6	○（承認）	◎（案申請）
	7.支店会議	各回、会議主旨（重要テーマ）を策定する	3	◎（策定）	○（確認）
組織化	1.業務計画書の作成	目標達成できる環境を整えるための行動（環境作り）	6	○（アドバイス）	◎（作成）
	2.情報収集	成功・失敗例の共有の仕組み作りとその維持	2	◎（情報共有）	○（意見申請）
	4.定期商談、訪問	提案資料（市場動向・トレンド等）のデータ配信	3,4	○（配信）	◎（作成）
	5.商品プレゼン	提案資料（市場動向・トレンド等）のデータ配信	3,4	○（配信）	◎（作成）
	6.展示会出展	費用対効果を考慮し、出展の可否を判断	5	○（承認）	◎（案申請）
指　揮	1.業務計画書の作成	実行手順の再確認、難しいところがあれば議論し、方策を指示	6	○（アドバイス）	◎（作成）
	2.情報収集	具体的な営業活動の指示	2	○（指示）	◎（行動）
	3.見積書作成	得意先状況を考慮して、承認	1	○（承認）	◎（作成）
	4.定期商談、訪問	提案資料（市場動向・トレンド）のアドバイス、修正	3,4	○（アドバイス）	◎（案作成）
	5.商品プレゼン	提案資料（市場動向・トレンド等）のアドバイス、修正	3,4	○（アドバイス）	◎（案作成）
	6.展示会出展	人員配置、試食メニュー選定のアドバイス	5	○（アドバイス）	◎（案作成）
	7.支店会議	支店会議資料作成（目的、主旨にそった）指示	3	◎（確認・指示）	○（指示）
調　整	2.情報収集	各拠点へ成功・失敗例の共有	6	○（連絡）	○（配信）
	4.定期商談、訪問	必要に応じて商品開発室、品質保証部へ同行依頼	6	○（依頼）	◎（案申請）
	5.商品プレゼン	必要に応じて商品開発室、品質保証部へ同行依頼	6	○（依頼）	◎（案申請）
	6.展示会出展	役員、商品開発室へ参加要請	6	◎（依頼）	○（案申請）
	7.支店会議	役員、部長へ参加要請	3	◎（依頼）	―
統　制	1.業務計画書の作成	四半期ごとのレビュー確認と改善案の立案	4	○（確認）	◎（作成）
	2.情報収集	朝会、販売会議にて確認、共有および追加情報提供	2	○（確認）	◎（確認・報告）
	3.見積書作成	定期的、案件別、商品別に内容分析、改善案を検討後、サーバーに保管	1	◎（確認）	○（確認）
	4.定期商談、訪問	必要に応じて同行実施し、進捗確認、修正案を提示	3,4	○（同行）	◎（アポ取得）
	5.商品プレゼン	必要に応じて同行実施し、進捗確認し、修正案を提示	6	○（同行）	◎（アポ取得）
	6.展示会出展	①・来客数予測の精査（人員、試食数等）・テーマに合った商品設定になっているかの確認②展示会報告書のレビュー確認	6	○（確認）	◎（作成）
	7.支店会議	前月レビュー（予算進捗率確認）、当月取組内容確認、今後の施策指示	3	◎（確認・指示）	○（指示）

人事コンサルタント　そりゃ、自分がいれば、今の組織を倍にできるのですから当然です。そのために、あるべき姿のプロセス展開表を作成し、効果的、効率的に仕事の管理ができるようにするわけですから、管理職としての業務ができる時間が浮いてくることは間違いなく。本来管理職がすべき創造的な業務や部下指導が徹底できてくるわけです。

社長　結果に責任を持つということは、プロセスを大事にすることであり、それは仕事の管理と部下指導に通ずるということですね。

人事コンサルタント　その通りです。プロセスを通して部下の能力も把握できますし、フォローもできます。

(6) 運用における人事部の重要な役割…評価に対する従業員満足度のチェックと基準書の改訂管理

人事部長　人事制度を変える前に、経営構造を変えなければ、本当の意味での人事考課、業績考課ができないことがよく分かりました。そして、人事部が主導ではなく、各事業部のために動かなければならないことも分かりました。まあ、そんな力もないのですが。

人事コンサルタント　ありがとうございます、大変失礼なことを申し上げたことと思いますが、それが会社のためなのです。

　あと1つ、この制度の構築、導入、運用に関して人事部の役割を申し上げますと、やはり運用してからの制度修正です。制度というのは完璧ではありませんし、ほころびも出てきます。プロセスは各部門が改善してくれるとして、これに関連して変更しなければならない基準書や考課表をチェックしておく必要があります。でも、これを改訂するのは各部門です。

　それから、この制度によって、業績だけではなく、従業員の職務満足度がどういう状態かも定期的にチェックしておく必要があるでしょう。その中の1つに、御社の規模であればストレスチェックも入ってきます。結果としての定着率もそうでしょう。いずれにしても、非常にクールな制度ではありますが、従業員の職責の自覚と能力向上（成長）を目指すことが前提になっており、そこは注意深く人事部が見ておかなければいけないところです。

人事部長　分かりました。ストレスチェックは実施していますが、従業員満足

度調査についてはまた機会をみて教えていただければと思います。

人事コンサルタント　分かりました。私も全面的にサポートします。

(7) 新制度導入の際に注意すべきこと

人事部長　新制度はこれまでの制度と大きく考え方、基準が変わります。従業員も理解するのには時間がかかるように思いますが、注意すべきところは何ですか?

人事コンサルタント　逆に、分かりやすさから、極端に捉えられる傾向にあり、結果として誤解につながります。

　「仕事(職務)が変わらなければ賃金が上がらない」は、確かにそうとも解釈できますが、①職務が変わっても、職務が該当している職務等級(グレード)が変わらなければ賃金ベースが変わらない、②(賃金設計の仕方によりますが)同じ職務でも業績考課に応じて昇給はある、ということを正しく理解してもらう必要があります。これまでの職能資格制度のように定期昇給あり、職務が変わらなくても昇格ありとは全く違います。

　また、「職務基準書以外の仕事はさせられない」という反発もありますが、この意見には、①職務設計がもう少し丁寧にできていれば解消する場合と、②教育として上位レベルの課業をさせられないという誤解をしている場合があります。前者の場合は、最も効果的、効率的な役割分担を考えて職務が設計されれば済むことですが、職務基準書を作成する手間を嫌うというものです。後者は、部下を思い通り動かせなくなるという管理職側のストレスですが、基準書で決められた仕事と能力開発計画に沿った仕事として明確に分けておけば部下に業務を与えられますし、部下の納得性も高まります。この辺、しっかりと説明が必要です。

人事部長　賃金の移行については、いかがですか?

人事コンサルタント　「職務給になると賃金が下がる」とまた極端に捉えがちですが、それは移行において高齢で低難易度の職務の場合にはそうならざるを得ませんが、そういう方がたくさん出ることはありません。むしろ、中堅・若手層は適正賃金になることから賃金が上昇することの方が多いです。

人事部長　やはりそうですよね。賃金が下がる方はやはり調整給ですか?

人事コンサルタント そうです。3〜5年かけて該当する職務等級の賃金上限額まで下げていくことになります。これは、そのような制度であっても激変緩和措置を講ずる必要がありますので、丁寧に移行していかなければいけません。調整給が3〜5年かけてどういう金額になるかについては、賃金辞令で示しておくことをお薦めします。説明つかないようなことはしないことです。

　新制度の導入時には、しっかり制度の説明会を行い、特に、管理職については部下の疑問に応えられるようにしておくことが大切です。

　ここでご忠告しておきますが、人事コンサルタントに説明資料を作らせ、説明会での説明までさせる会社があるのですが、これはあまりに無責任です。今後のことを考えれば、案はこちらで作成するとしても、自らしっかり理解するために、資料作りから、そしてその説明まですることです。よろしくお願いします。

人事部長 資料作りや説明会の件、理解しました。それから、給与が下がる場合の調整給もあれば、上がる場合の調整給もあるということでいいですか。

人事コンサルタント そうです。下げていく調整給はプラス調整給、上げていく調整給はマイナス調整給といいますが、後者の場合は、原資があれば1年で調整、つまり一気に各等級範囲給の下限額まで上げる会社が多いです。上がる方はやはり嬉しいですからね。会社側からすると、「これまで適正な賃金を支払ってなくてごめんなさい」ということですからね。

社長 調整給の原資を見て決めさせてもらいます。

人事部長 あと、中途採用者の賃金が難しいんですよね。来て欲しい人には、前職での賃金を保障あるいはそれ以上というケースもあります。

人事コンサルタント これは非常に難しい問題です。賃金設計の方法のところでもお話しましたが、設計においてどういうポリシーライン（賃金水準）を設定しておくかという問題です。経営戦略上、当社が期待する仕事（職務）の発生を予測したうえで、市場価格に近づけられるか…です。いずれにしても、まずはどのような職務を担ってもらうのかを職務基準書で明らかにしたうえで、職務評価を実施し、等級制度に格付けすることになります。最終的に、ポリシーラインを超える場合は、個別契約型のジョブ型社員（限定社員）という検討もあります。

人事部長 地域の賃金調査だけでなく、ある程度、職務についても範囲を広げ

様

2022 年度給与辞令 (例)

貴方の職務等級及び給与は、下記の通りです。

1．職務等級　　J3 級
2．給与 (職務等級制度による給与)
　※　基本給　218,000 円
　※　基準内手当 (調整手当含む)　106,300 円
　※　計　324,300 円

3．現給与明細書

2022.12 − 2023.3			現時点で新給与制度に当てはめると下記になります			
2022 年度給与内訳 (現給与)			2022 年度給与内訳 (新給与)			備考
基本給	年齢給	284,300	基本給	基礎給	141,000	
	職務給	0		職務給	77,000	J3
	職能給	30,500				
基本給合計		314,800	基本給合計		218,000	
基準内手当	役付手当	0	基準内手当	営業手当	0	
	営業手当	0		業績手当	0	
	乗車手当	0		家族手当	0	
	家族手当	9,500		住宅手当	9,500	
	住宅手当	0				
	特別手当	0				
				調整手当	96,800	(下記調整手当参照)
基準内手当合計		9,500	基準内手当合計		106,300	
合計給与		324,300	合計給与		324,300	

4．備考

調整手当

2022 年 2 月現在	2023 年 4 月	2024 年 4 月	2025 年 4 月
96,800	61,800	26,800	0

調整手当のある方は、2023 年度の 4 月より上記の額に調整されますので、合計給与は減額になります。

て調査をしておくようにしたいと思います。

社長 私も色々と経営者仲間から集めるけど、頼むわな。

9. 人的資本投資とその可視化

社長 最近、人的資源ではなく人的資本がうんぬんとよく新聞などで目にしますが、職務等級制度と関係してくるんですか？

人事コンサルタント 当然です。現在、政府は付加価値を生み出す人材への投資を経済成長として、以下のような目標を立てています。

①職業訓練やリカレント教育（学び直し）などの成果を活用したキャリアアップや労働生産性の向上

②デジタル分野などの成長分野への労働移動など「自分の意思で仕事を選択することが可能な環境」の構築

③同一労働同一賃金の徹底などを通じた非正規雇用労働者の処遇改善や正規雇用転換

④非財務情報の開示ルールの策定

①〜③については、既にお話しておりますので、④についてお話します。しかし、これとてそう難しいものではありません。それは、プロセス、課業を明らかにし、成果指標、先行指標を職務分析によって明らかにしているからです。

社長 よく分からないのですが、そもそも非財務情報の開示ってなんですか？

人事コンサルタント 経済産業省から「人的資本可視化指針（案）」が発表されているのですが、そもそもこれは、2020年に米国証券取引委員会（SEC）による人的資本の情報開示の義務化により、欧米企業はいち早く対応を進めてきており、世界的な潮流を受け、日本企業も対応を迫られるものです。

そして、情報開示に関して、ガイドラインの中でも特に、国際規格ISO30414が注目されています。ISO30414は開示情報に盛り込むべき11領域を提示しています。コンプライアンスと倫理、コスト、ダイバーシティ、リーダーシップ、組織文化、組織の健康・安全・福祉、生産性、採用・異動性・離職率、スキルと能力、後継者の育成、労働力の可用性となっています。

これらの領域に、49項目の定量的な指標による、投資とリターンの相関関係の明確化が求められてきます。たとえば、「採用・異動・離職」の領域であ

れば、最も多い 14 項目があり、空きポジションに適した候補者の数、入社前の期待に対する入社後のパフォーマンス、ポジションを埋めるまでの平均期間、移行と将来の労働力の能力の評価、社内人材で埋められるポジションの比率、社内人材で埋められる重要なビジネスポジションの比率、重要なビジネスポジションの比率、重要な全ビジネスポジションに対する空きポジションの比率、社内異動比率、従業員層の厚さ、離職率、自主退職、重要な自主退職比率、退職理由などがあります。

社長　これだけでも大変だ。

人事コンサルタント　そうです。まあ、まずは上場企業を中心に展開されますが、人的資本投資マネジメントのことは理解しておく必要があります。

　注意すべきは、これは日本の悪いところですが、今のマネジメントシステムとは別なシステムを新たに構築、導入しようとするところです。過去には、バランススコアカード（BSC）がそうでした。

　これは、企業業績を定量的な財務業績のみでなく、多面的に定義し（財務の視点、顧客満足の視点、業務プロセスの視点、社員能力の視点の 4 つの視点）、それらをバランスよくマネジメントしようとする経営管理手法でしたが、多くの組織で形骸化し、機能しなかったのと同じです。もっと率直にいいますと、ISO9001 の認証取得をした組織が、審査のためだけにマネジメントシステムを現実とは別に構築、運用してしまっているのと同じです。仕事は現実のシステムで動いているのですから、結果が出るはずがないのです。

社長　痛いなぁ。でも、その通りです。認証の更新するのも馬鹿らしくなりました。

人事コンサルタント　そうでしょ。これに懲りず、ISO30414 の開示情報に関しても同じようなことが起こるはずです。

　次の図は、非財務情報可視化研究会の「人的資本可視化指針（案）」にあるROE 逆ツリーです。KPI が示されていますが、これらの KPI を達成するために何を結びつけたらいいのかについては示されていませんが、おそらく多くの企業は結果だけを開示し、綺麗事を書いて終わるでしょう。

　そうではなく、職務分析によって明らかになったプロセス展開表の課業、作業の成果指標と先行指標を、ISO30414 の指標に結び付ければ特に別な取り組みをしなくても大丈夫です。例えば、離職率を低下させている部門、業務、課業、

作業は何か、その原因は何か、業務自体の難易度、社員能力、職場環境、マネジメント能力や職場の人間関係などにそれがあるのか…など。職務分析を実施し、職務評価をすることで多くの指標とこれに影響を及ぼす要因は把握できますし、客観的なアセスメントや能力開発を実現することができるようになります。

　これは、SDGs や ESG への対応も全てはプロセスで実行されますので、つまり、プロセスを大事にすれば多くの問題解決を図ることができることを示しています。

社長　職務分析を通して業務プロセスを明らかにすることは、ここまでつながっているんですね。感動しました。

【参考】ROE 逆ツリー（例）

人事部長　話としてはよく分かりました。職務分析、業務分析を行うことをきっかけに、人事制度と会社の全システムを業務プロセスと職務でつなぐことができ、そして真に業績に貢献できるということですね。

　この人的資本投資の件で1つ確認させてください。この中に、コンピテンシーが示されていますが、これは先に話された、人事考課（業績考課）のことではなく、アセスメントの結果と捉え、教育投資をすることでその社員のコンピテ

ンシーがどれだけ向上したかを測ればいいということでいいですか？

人事コンサルタント　その通りです。業績管理上の業績評価で、人事考課ではありません。もう区別がつくようになりましたね（笑）。人的資本経営と職務等級制度は非常に親和性が高いのです。しかし、きっと多くの方は、これまでの人事考課における職能評価とまた混同させることになるんじゃないかと私は思っていますけど（笑）。

人事コンサルタント　以上で、職務等級制度を導入するための方法や職務等級制度のメリットをお話させていただきました。

社長　ありがとうございました。非正規雇用労働者、特に、戦力である定年再雇用者や中途採用者をどうすればいいか悩んでいましたので良い機会でした。このために取り組まなければいけないことがたくさんあることも分かりましたが、うちに欠けているところを補強できそうだと職務給のメリットを感じることもできました。

　特に、職務分析と職責を明確にすることの重要性は、会社の業績だけでなく、従業員のライフキャリアを明確にすることになるという話は、経営者として責任重大で身が引き締まりました。

人事コンサルタント　これから実際に制度構築となれば、色々な問題、感情的な葛藤も間違いなく起こります。表向きには前向きな姿勢に見えるけれども、非常に保守的な人材が炙り出されていくことになるかもしれません。しかし、職務・職責を完遂する責任ある人材育成のため、ひいては社会、顧客のためと考え、厳しい姿勢で臨ませていただきたいと思います。御社の明るい未来のために取り組まれることを期待しています。

社長　本日の内容を踏まえ、幹部たちと検討したうえで、またご連絡させていただきます。本日はわざわざお越しいただきありがとうございました。

第4章

制度構築後の
運用上の留意点と変化

新制度を導入して1年が経過した人事委員会（社長ほか、各部門責任者で構成）に人事コンサルタントが同席し、人事考課結果の調整および人事異動について検討を行うと同時に、制度の振り返りを行いました。

1．人事考課結果を調整する

社長　いつも運用フォローをありがとうございます。今日もよろしくお願いします。

人事部長　それでは半年に一度の人事委員会を始めます。それでは、人事考課結果を報告します。配付資料をご覧ください。部門によって考課結果に甘辛が見られます。特に、生産部門は甘い傾向にあり、部門によっては評価Aが多く出ているところもあります。

社長　わが社の業績は特に問題なく推移しているが、中期経営計画上の今期（半期）目標は達成できていません。売上、利益を達成している営業拠点もあればそうでない拠点もある。工場も全体として生産性は向上しているが、コストダウン目標の達成度や、まだまだクレーム、不適合の件数も目標未達である。正直、私も見て思ったんだけど、どうしてそんなことになっているんだ？

人事コンサルタント　よろしいですか。プロセス展開表はあるべき姿で作成していますから、業務、作業の流れとしては改善されているはずです。

製造部長　それはその通りです。ただ、問題はまだ3つあります。

　1つ目は、まだまだ目標設定に必要なデータが現場には揃っておらず、目標設定の精度が低いこと

　2つ目は、目標達成できていないにも関わらず、というか目標達成できていないことからセルフコントロール・スキル（意欲態度）の考課要素の評価を高くしてしまったこと

　3つ目は、「目標達成100％＝評価B」と認識できていない部署があったことかなと思っています。

人事コンサルタント　そのような課題があることが分かっていて、この委員会に甘辛の結果が上がってきているということは、二次考課者、三次考課者もそれを許したということですよね。

製造部長　私も含めて残念ながらそういうことになります。

人事コンサルタント　厳しいことを申し上げましたが、これを機に「目標達成100％＝評価B」の意識はしっかり確認をしていくということで、お願いします。

　あと、成果指標と先行指標の達成度と部門目標との相関が少しずつ明らかになってくると思いますので、改善ポイントとなる業務の成果指標と作業の先行指標はしっかりと管理していってください。

製造部長　分かりました。再度、「目標達成100％＝評価B」を考課者に徹底させたいので、もう一度、人事考課者訓練をお願いできればと思います。

人事コンサルタント　私は大丈夫です。会社で決めてください。

　あと、誠に言い辛いのですが、今日、現場を巡回していたらある社員から「私は考課結果を聞いていませんが、どういうことでしょうか」と私に質問がありました。気になったので、何人かに聞きましたが、数人いましたけど、フィードバックはしていないのですか？

製造部長　正直、その通りです。フィードバックに慣れていない者はすることが恐く、できていない者がいることは分かっています。それも含めて、再度、人事考課者訓練をお願いしたいということです。

営業部長　営業は非常に結果が分かりやすいので、大きく間違った評価にはなり辛いのですが、やはりセルフコントロールスキルについては高い傾向にあります。そんなはずはないので再度、評価基準の徹底を図ります。

人事部長　営業については、気になることがあります。確かに業績（結果）は分かりやすいのですが、残業が多く発生しており、かなり問題です。これに関しては、営業生産性に関する目標設定をお願いしたいと思います。

人事コンサルタント　営業生産性については、営業のプロセス展開表を作成するときに、総労働時間を削減することを目標に、受注確度を高めるための方策を行動に組み入れていると思いますが…。

営業部長　正直、そのチェックを疎かにし、結果しか見ていないのが実状となっています。当初思っていたほど、営業プロセスを管理できていないことが判明し、反省しています。ただ、営業プロセスでの先行指標については、営業日報などで把握できていますので、分析し、改善を図りたいと思います。

人事コンサルタント　業務の何に時間がとられ、その原因は何かをしっかりと把握してください。よくあるのが、顧客の割り当てが非効率的になっているとか、まだ個人商店癖が直っていないため情報の共有やツールを標準化していな

いことがあるようでしたら、プロセス展開表に合わせて共有の仕組みの構築やツールの作成をしてください。アプローチブックの作成など私も協力させてもらいます。

営業部長　分かりました。次期は時間がかかっている業務に時間の指標を設定し、確認をしていきますが、まずはその結果を待つことなく、残業が多い者の原因を再確認し、対策を取りたいと思います。まあ、まだまだクレームも多いんですけどね。

製造部長　いやいや、営業の製造指示書が間違えていることも多いし、わざわざ確認しなきゃいけないことも多くて、うちの生産性が上がらない原因の1つなんですよ。

人事コンサルタント　まあまあ、お互い様ということで（笑）。これは、プロセスをあるべき姿に変えてもやはりスキルはすぐにつくものではありませんので、そこはお互いにもう少し時間はかかると思います。まずは、各部門でしっかり自分たちがやると決めたことを、やり切ることを、部下を含めて考えてみてください。後は、あるべき姿に向けて決めた、教育訓練を怠らないでください。

人事部長　人事考課は絶対評価の絶対考課ですので人事部としてはその結果に直接の関与はできません。甘いと分かっている部署の考課結果の修正は製造部長にお任せしますので、よろしくお願いします。修正案の提出後に、再度、人事評価委員会を開きたいと思います。

社長　私から見ると営業はまだまだだな。工場は一部門がまだしんどいけど良くなっていっている。人事考課者訓練はやってもらうことにして、とにかく、目標設定だけは明確にしていく努力をしよう。改善点があることはまだ成長できるということだ、まあ頑張っていこう。

2. 人事考課結果を踏まえた昇級、降級の取り扱いについて

人事部長　それでは、これから次の議題に入ります。人事考課結果に基づく、昇級、降級候補者は次のとおりです。基準では、どの職務も単年度S評価は昇級、D評価は降級候補者となります。

製造部ではＳは５名、Ｄは２名います。営業部ではＳは１名、Ｄは２名います。
いかがしましょうか？

製造部長　先ほどの甘い評価は修正するとしてＶ君、Ｗ君は上位職に就けて
あげたいところです。特に、Ｖ君の加工時間と品質は群を抜いており、今年は
指導によって非常に厳しい精度の加工もできるようになりました。Ｖ君の指導
役だったＷ君は、これまでの成果を監督者として部下指導に活かして欲しい
と思っています。評価ＤのＸ君、Ｙ君については、んーっ、降級ですか…。

人事部長　先生、確認ですがこれって必ず昇降級しなければいけないというこ
とではなかったですよね。

人事コンサルタント　その通りです。来年度、そのポスト、ポジションの仕事
が部門計画上必要であるのであれば問題ありませんが、管轄するグループを作
る必要もないのに監督者にするとか、あえてグループを分けてまで監督者ポス
トを作ることはできません。職務給は、経営計画に沿った定員管理（主義）が
基本で、それぞれのポスト、ポジションに会社から割り当てられた結果を果た
すことですので、無い仕事のために昇級することは不可能で、別な理由が必要
となります。同時に、評価が悪いからといって、交替要員（下位職級の優秀者
で上位職級の仕事の指導教育を受けている者）がいなければ、結果として交替
させたけれど期待される成果が出ないということになります。

製造部長　そんなに厳しいのですか…。やはり、これまでの職能資格制度と全
く違いますね。

人事コンサルタント　はい。経営戦略と人事制度を連動させているということ
はそういうことで、経営目標を職務に割り付けるとはそういうことなのです。
したがって、始めから経営計画の中に定員数を盛り込むか、経営計画（戦略）
の修正をすることになります。

目標（結果の割り付け）と職務との関係

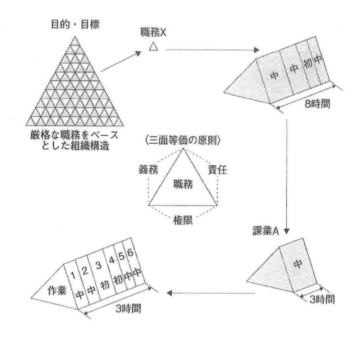

人事部長　これまでは評価が良かったからと昇級させて賃金を上げておきながら、仕事は相変わらず以前と同じということが起きないということですね。

人事コンサルタント　そういうことです。

営業部長　でも、そうなると、頑張っても賃金が上がらないということにはなりませんか？

人事コンサルタント　賃金は人事考課結果によって昇給（業績加給）はします。ただ、職級が変わりグレード（等級）が変更にならなければ大きく賃金ベースが上がらないということです。営業の場合、先の人事部長のお話にあるように、これまでは職能等級が上がったけど、担当顧客も販売商品も変わらないことは職務等級制度ではありません。職級が上がる以上は、経営戦略上、攻略しなければならない難しい顧客を相手に折衝、あるいはこの顧客要求に合ったソリューションを高度な知識、企画力で提供するということが前提です。その職務が足らないのであれば、部長の権限で予算を組み、定員を増やすことです。

社長　正直、そこまで経営計画に盛り込んではいないな。要は、経営目標と職務、

164

職務の数、そして人件費が計画的に連動しているわけだ。なかなかそうにはならないとは思うけど、これ非常に合理的で、やはりこれを追及・分析することで、色々な課題も発見できそうですね。

人事コンサルタント　その通りです。「杓子定規に当てはめて難しいからできない」ではなく、いかに経営目標と職務を結びつけていくか、結びついてない（結果が出ていない）のはなぜか、どうしたら結果に職務行動を結び付けられるかを考えていくことが、職務等級制度の醍醐味なのです。

製造部長　しかし、年功的に等級も賃金も上がるのが普通になっていますから、これは大変ですね。今さらながらにこの制度が怖くなってきました。

人事コンサルタント　はい。でも、仕事と賃金とは本来そういうものですよ。それぞれに、職責を背負い、これを完遂するのが仕事なのですから。このため、経営目標も当然、そこから割り付けられる職責も達成可能性の高い適正な目標、標準にする必要があります。

営業部長　つまり、職務、職級に応じて、顧客を割り当て、その顧客の要求している商品やソリューションでこれだけ売上げが立ち、利益が出る、だから全職務で目標を達成すれば営業課、営業部としての目標数値が達成できるように、科学しろということなんですね。

人事コンサルタント　その通りです。先の人事考課の話し合いにもありましたが、まだまだその根拠となるデータが足りません。動き（プロセス）としては、自分たちで「これでいける！」と思ったものになっているのですから、あとは分析し、プロセスを改善し、職務内容（行動）を変えていくしかないですよね。

営業部長　そういう風にロジカルに組み立てて、営業計画を考えたことがなかったので、次期に向けてよく考え配置したいと思います。

製造部長　しかし大変だなー。うちの現場の場合、大半の人間は同じようなレベルの仕事をいつまでもやっているからなあ。だとすると、職務給の上限にすぐに達してそれ以上は昇給しないんですよね。

人事コンサルタント　その通りというか、そういう方は上限までも行かない可能性の方が高いと思いますよ。賃金が上昇するとしたら、会社の成長性や物価上昇に応じたベースアップそして、賞与原資で収入増を目指すことになります。

製造部長　今、会社の状況はいいですが、厳しくなれば…。

人事コンサルタント　後ろ向きに考えればどの制度も本当は一緒です。だけど、

前向きに、目標に向かって、職責を果たし、しっかり自分のキャリアと向き合うことが出来るようになりますし、これに合せて人生について真剣に考えるきっかけにもなり、自律を援助することになります。諦めないようにしっかりと教育指導することで、高いレベルの仕事ができるようになれば、会社は成長するのですから、あまり悲観的に考えないようにしましょう。

人事部長　職務、職責の追及ですね。プロセス、管理指標とその数値に拘る意味がやっと分かったような気がします。

社長　私の目からは、営業はまだまだだけど、工場は一部門がまだまだ能力不足でしんどいけど、他は良くなっていっているよ。人事考課者訓練はやってもらうことにして、とにかく、中期経営計画に沿って目標の設定をしっかり行い、指標で追いかけられるようにしていこう。改善点があることはまだ成長できるということだ、頑張ろう。

3．人事異動の取り扱いについて

人事部長　それでは最後の議題ですが、人事異動が決まっていますので、資料をご確認ください。部門、職種が変更になる方がおられます。

製造部長　営業から製造2課に異動になるR君がいますが、彼は現場が初めてですから、作業は一からになるのですが、職務は組立職初級でいいでしょうか？

営業部長　それは仕方ないですが、賃金はやはり落ちるのですか？

人事部長　その通りです。組立職初級は、技能職等級の7等級になりますので。7等級の上限額になります。先生、間違いないですね。

人事コンサルタント　はい。それで間違いありません。

営業部長　彼は営業職中級だったので、相当なダウンになりますね。

人事部長　はい。

人事コンサルタント　しっかり賃金規程を守ってください。以前、ある会社で黙ってそのままにしていた会社で、揉めたことがありました。現場で経験を詰み上げてきた作業者が、「何もできないのに、なんで高い賃金のままなんだ！」と怒り狂っていました。自分たちはこれで食っているんだ！というプライドを傷つけることになりますので。また、ルール違反を一度でもすると、そこから

一気に崩れ、やがてなんでもありになってきますので注意してください。

営業部長　他に、企画課のＳさんは、業務課に異動になりますが賃金はどうなりますか？

人事部長　こちらは同じ等級に格付けされている企画職中級から業務職中級ですので、賃金はそのままスライドします。

営業部長　なるほど。同じ等級に格付けされている職務であれば賃金はそのままなんですね。ということは、等級フレームを見ておけば、賃金を変えずローテーションもできるということですね。異動させにくくなったなあと思っていましたが、そうではないことが分かりました。

営業部長　ついでに確認ですが、定年を延長したのでＵ営業課長は、そのまま役職に就いてもらい、賃金もそのままということでいいですか？

人事部長　その通りです。年齢や性別に関係なく同一価値労働同一賃金です。そして、これまで通り役職任期制は適用されますので、確認しておいてください。

営業部長　分かりました。彼が定年でいなくなると、回らなくなると思っていたので良かったです。

人事コンサルタント　すみません、そこはちょっと注意しておいてください。定年延長は、管理職として永らえさせるものではありません。任期制があるのは、組織の代謝を図るためですので、しっかり部下指導することで次の課長を育成することを目標設定してもらい、人事考課をしてください。

社長　１ついいかな。ジョブ・ローテーションについては、これまでもそう多くはなかったので、心配はしていないが、これからは各部門、各職種でプロになり、生産性を上げることをより意識させるためにこの制度を導入したことを認識しておいて欲しい。

全部長　分かりました。

製造部長　うちからも品質管理課に異動するＬ君、組立課から業務課に異動するＭ君がいますが、こちらはどうなりますか？

人事部長　Ｌ君に、Ｍ君は事務・技術職の等級に異動となり、またこれまでのスキルを活かして、中級職に格付けされますので、むしろ賃金は上がることになります。

製造部長　それは良かった。安心しました。

人事部長　以上ですが、他に質問はありませんか？

営業部長　質問ではないのですが、定員の話、異動の話そして賃金の話を聞くと、この制度を運用するには、個別の教育計画が重要なんじゃないかと思いましたが、どうなんでしょう。

人事コンサルタント　その通りです。経営計画に沿ってやらなきゃいけないことは何か、つまり業務あるいは職務行動は何か、そしてそれをどういう職務に担わせるか、そしてその職務に就く人間はどんなスキルが必要か、そして何人（職位）必要か…これは、全て連動しています。予想される職務内容を明確にするからこそ、どのようなスキルがそこに求められるかが分かりますし、またそのスキルをどのように習得させるかの方法論も明らかになり、教育内容がより具体的になってきます。そのうえで、じゃ、誰を何年までに育てようか、と計画を立てるのです。また、管理職、監督職になって欲しい社員については、幅広い知見が求められますので、ジョブ・ローテーションの仕方（順序）も含めて別途、幹部候補者育成計画を立てることが大切となってきます。

社長　では、その計画も次回までに立てるとしよう。各部長は、課長と相談の上、候補者リストを作成しておいてくれ。人事部長は、候補者のこれまでの人事考課結果を用意しておいてくれ。なぜ、候補に挙げたかについては、次の会議で聞くので、各部長はまとめておいてくれ。頼むな。

人事部長　分かりました。本日の委員会はこれで終了したいと思います。社長最後に何かありますか？

社長　ん。半期目標を達成できていないが、幸い当社は何とか業績は上がっている。生産性も良くなっている。しかし、まだまだ課題は多いし、この先、安価な製品を競合が出してきているなど、競争は厳しくなることは間違いない。この職務等級制度の導入を決めたのは、一人ひとりの職責を経営計画と連動させ、しっかりと果たす社員にまずはなってもらいたいということだった。このため、定年も延長し、職務給を導入し、年齢に関係なく65歳まで同一価値労働同一賃金とするなど、経営改革のための基礎を構築したと思っている。何とか明るい未来とするために、これを機に大いにリーダーシップを発揮するための仕組みとして活用して欲しい。では、頑張ってくれ。

人事部長　それでは、ここで終了となります。皆さん、お疲れ様でした。

| Column | 役職任期制 |

　役職任期制とは、役職者を任期（ある一定期間）を定めて登用する制度のことです。この任期での部門業績や目標達成度などを評価し、任期末に審査、再任、降職などを行います。組織の新陳代謝・活性化、役職者の責任感の醸成、役職のミスマッチの解消などができます。

あとがき

　本ケースは、筆者がこれまで数多くやってきた職務給導入のコンサルティングの受注前の面談内容とコンサルティング過程および運用支援でのクライアントとの実際のやり取りを集約したものです。制度の設計過程については、受注前の面談でのやりとりからご理解いただけるようにしました。必ずしも提案どおり、クライアントが課題に取り組んでくれないこともあり、その場合は、契約期間と社員の能力を勘案し、経営者と相談の上、随時、コンサルティング内容を修正しながら進めていくことにしています。本ケースにもあるように、普段から作業標準やマニュアルを作成、更新する習慣がある企業は、職務分析、職務基準書の作成は比較的楽ですが、中小企業ではそうでないことが多く、職務給の導入は改善活動の1つとして臨んでもらうようにしています。

　本書で解説しているように、職務給は誤解されていることが多く、この1つひとつを解きほぐしながら進めていくのですが、日本の年功序列、年功賃金など既得権に染まった従業員（特に、ベテラン社員）の抵抗は当然あり、彼らに理解してもらうようにプロジェクトを進め、移行措置も設けていくことになります。問題は、むしろ経営者の側で、彼らの抵抗に配慮し過ぎ、リーダーシップを放棄したり、当初の目的までも変更する会社です。特にこのケースにもあるように中小企業の人手不足は深刻で、ゆえにベテラン社員に配慮するあまりに年功賃金にますますしがみつき、逆に若手社員のやる気を削ぎ、退職させている企業も少なからずあります。

　職務給は、確かに職務が異動になれば賃金が変動する制度ではありますが、

経営計画に沿った職責を明確にでき、責任感の強い自律したプロフェッショナル社員の育成が計画的にでき、その結果は間違いなく労働生産性の向上につながるという大きなメリットを享受することができます。また、これからますます多様化する社会における、多様な働き方の実現なども非常に容易となるなどこれからの賃金として間違いなく多くの企業で導入されることになるはずです。

〈参考図書〉

『職務分析・職務評価の基礎講座』（労働新聞社）

『同一労働同一賃金を実現する職務分析・職務評価と賃金の決め方』（日本法令）

『3訂版　役割等級人事制度導入・構築マニュアル』（日本法令）

『「多様な働き方」を実現する役割等級人事制度』（日本法令）

「職務基準の賃金（職務給）とはどのようなものか」（日本法令）2017年5月号

「連載　職務分析入門」（日本法令）ビジネスガイド No.932 ～ 935

「連載　Q&Aで理解する「職務給」」（日本法令）ビジネスガイド No.902 ～ 903

用語解説

職能資格制度：企業の経営活動に必要な能力をその種類と程度に応じた序列区分（職能資格等級）を設け、これを基準に運用する人事制度のこと。個々の従業員の職務遂行能力（人の潜在能力を含む保有能力）の発揮度・伸長度を評価し、従業員を資格等級に格付ける。この制度の背景には、明治時代までの身分資格やその後の大正・昭和半ばまでのホワイトカラー、ブルーカラーの労働者間の差別、戦後すぐは学歴・性別差別を排除することがあったとされている。

職務等級制度：企業の経営活動に必要な職務を対象に、その職務の複雑度、困難度、責任度を評価して、これに応じた序列区分（職務等級）を設け、これを基準に運用する人事制度のこと。ILO 叢書「男女同一労働同一賃金」では、性別を考えない職務賃率（職務給）の実現のため仕事の種類にもとづく職階給制の確立を提唱している。

職責：組織から与えられた仕事や遂行する義務でありその責任（responsibility）のこと。

権限：自分の職務を社内において公に遂行することにできる権利のこと。職務が規定されれば、権限も同時に規定される（権限全員保有論）。しかし、日本では自己の決定に他の人を従わせる力、つまり経営管理者が持つ力（権限一部保有論）をいう。権限は作業者に割り当てられず、職責、責任のみが割り当てられると解釈している。

責任：決定や行為の結果に対する責任や、またその説明をする責任（accountability）のこと。

職務：職位は一人分の労働者の仕事の単位だが、この職位を単位として人事・賃金決定に結びつける場合、職位の数が多く、1つずつの職位を単位として賃金などを決定するのでは、能率的な管理ができない。そこで類似の職位をひとまとめにして「職務」を編成し、人事管理の単位として設定したもの。職務の

編成にあたっては、①課業内容がほぼ同じであり、②課業遂行上必要な知識・技能の種類がほぼ類似していること、③課業遂行上必要とされる知識、技能の程度に大差がないことが必要で、それがグルーピングの条件となる。

職位：一人分の労働力を必要とする仕事（課業）の集まりのこと。従業員そのものを示すのではなく、あくまで、従業員に分業分担する仕事が一人分になる単位をいう。一般に用いられる「仕事上の地位」という意味では用いていない点に注意。

課業：企業の経営活動に資する一定の目的を持って遂行するものであり、分業または分担が可能なまとまりで、各人に割り当てるための単位のこと。

職務分析：職務を観察と研究によって特定の職務の性格に関する適切な情報（職務の構成要素を研究し、その機能、作用、内容、責任と付属要件（身体的・精神的要件、特別な労働条件および危険度））を決定し、これを報告する手続きのこと。日本における職務分析は、職能資格制度へ移行する過程でその内容が等級基準に期待される能力を明らかにする職務調査へと大きく変化した。

オペレーション職務分析：テイラーの科学的管理法に始まる動作・時間研究による各労働者の企業に対する貢献の量的側面を測定する研究のこと。

人事管理上の職務分析：人事管理上の問題として各労働者の企業に対する貢献の質的側面を研究すること。

職務評価：職務分析によって得た資料を基礎として、各職務の経営内における相対的価値を評価する手続きのこと。評価方法には、非量的方法（概括法）と量的方法がある。
  非量的方法（概括法）：①序列法、②分類法
  量的方法：③点数法、④要素比較法（条件比較法）

職務設計：課業をひとまとめにして、一人分の仕事（職務）を構成するためのプロセスのこと。また、人間の動機づけを職務に盛り込む（労働の人間化）ことを職務再設計という場合もある。

職務基準書：職務分析を実施したのち、設計された職務ごとにその内容（担当課業およびその職務行動）と成果責任、および職務遂行に必要な知識、スキル、職務遂行上の精神的・肉体的負荷、習熟要件（資格を含む）が記された文書のこと。管理・監督職については権限の範囲が加わる。

職能基準書：職務調査を実施したのち、設計された職務の課業およびこの遂行に必要な知識、スキル、習熟要件を記した文書のこと。

職務記述書：職務基準書から職務の概要が分かる重要課業および代表課業とその職務行動、成果責任、および職務遂行に必要な知識、スキル、職務遂行上の精神的・肉体的負荷、習熟要件（資格を含む）を取り出し、整理して記した文書のこと。管理・監督職については権限の範囲が加わる。

標準能率：標準化された作業方法、設備、材料、技能などの要素を基に、最も効率的に作業をすると仮定した場合の1単位あたりの労働時間やコストのこと。

コンピテンシー：特定の職務や役割を遂行するために必要な能力やスキル、知識、態度、行動特性などの要素の総称のこと。また、アセスメントのための枠組みとして使用される。

作業標準書（マニュアル）：良い製品、サービスを、安く、早く、安定的に作るあるいは提供するために正しいやり方と行動を規定した文書のこと。

暗黙知：経験知ともいう、マイケル・ポランニーが提唱した科学哲学上の概念。経験的に使っている知識であるが、簡単に言葉で説明できない知識のことで、経験知と身体知の中に含まれている概念のこと。

形式知：文章や図表など客観的に説明できる形になった知識のこと。作業標準書（マニュアル）に記載されている内容などが含まれる。

DE＆I（ダイバーシティ・エクイティ＆インクルージョン）：多様性を尊重し、個別に配慮し、多様な人々が受け入れられる環境を整えることで、企業や社会

がより持続的かつ健全な成長を遂げることができること。また、様々な文化、バックグラウンド、価値観を持つ人々が共存することで、より創造的でイノベーティブなアイデアが生まれる可能性が高くなるとされている。

エンゲージメント：従業員が企業に対して、自分の業務や目標に共感し、やりがいや自己実現を感じながら働く状態のこと。従業員のエンゲージメントが高いと、従業員が定着し、業務に対するモチベーションや生産性が高まり、企業の業績につながるとされている。

力量マップ：力量（個々の業務に必要な技能、知識、資格、経験等の能力）を洗い出し、従業員一人ひとりの持っている力量を一覧にした表のこと。組織内のスキルの状況を把握し、計画的な人材育成を図るために活用する。

業績評価：経営管理の中で各部門（領域）のKPIなど経営判断に必要な情報を可視化することを業績管理という。ミッションから戦略目標・目的、業績目標が導かれ、業績目標に対して設定されるKPIに目標値が設定される。このKPIは経営戦略の有効性を判断するための指標で、「重要業績評価指標」とも呼ばれ、定量的な数値が設定されるが、この指標の進捗度を評価することを業績評価といい、これは全ての従業員に適用される。

　なお、人事労務管理の領域での業績管理における業績評価についてはP.109に列挙している通りであり、一定期間における個々の従業員のパフォーマンスの評価(業績考課)はこの中の一つに位置付けられている。このように、パフォーマンス評価（業績考課）とコンピテンシー・アセスメントは別な概念に位置付けられている。

経営管理：経営戦略や事業計画を達成するため、さまざまな事業活動が行われており、これを効率的に達成できるよう、経営資源の運用を行い、同時に計画通りに事業が進捗しているかどうかを確認する。また、企業活動の各領域に応じて「生産管理」、「販売管理」、「財務管理」、「人事・労務管理」などに細分化される場合もある。

著者紹介

西村　聡（にしむら　さとし）

　大学卒業後、大日本スクリーン製造株式会社で管理・企画業務を担当。

　その後、公益財団法人関西生産性本部に入局、主任経営コンサルタントとして活動、平成22年6月に独立。株式会社メディンを設立し代表経営コンサルタント。経済学修士。

　近畿大学非常勤講師、（一社）日本職務分析・評価研究センター代表理事、（株）日本マンパワーマネジメントコンサルタント、NPO法人企業年金・賃金研究センター上席講師。

　経営革新を目的とした戦略策定から業務プロセス改革を中心に人事制度改革、生産現場革新、営業革新などの総合経営コンサルティングに従事。さまざまな業種の大企業から中小企業のほか、医療・福祉機関、学校法人などの経営革新に取り組んでいる。

　平成21年日本経営診断学会第42回全国大会にて診断事例研究報告「成果主義人事制度が従業員意識に与える影響に関する一考察」で優秀賞を受賞。

　所属学会：日本経営診断学会、日本労務学会、経営行動科学学会、
　　　　　　日本経営工学会、日本経営システム学会正会員など

　著書：『職務分析・職務評価の基礎講座』（労働新聞社）
　　　　『3訂版　役割等級人事制度 導入・構築マニュアル』
　　　　『同一労働同一賃金を実現する職務分析・職務評価と賃金の決め方』
　　　　『役割等級人事制度のための賃金設計実務講義』
　　　　『多様な働き方を実現する役割等級人事制度』
　　　　『職種ごとの事例でわかる　役割等級人事制度による病院の経営改革』（以上、日本法令）
　　　　『賃金の本質と人事革新』（三修社）　など多数

会社が変わる！生産性が向上する！
ジョブ型人事とは何か？

2023 年 11 月 24 日　初版

著　　者　　西村　聡

発 行 所　　株式会社労働新聞社
　　　　　　〒 173-0022　東京都板橋区仲町 29-9
　　　　　　TEL：03-5926-6888（出版）　03-3956-3151（代表）
　　　　　　FAX：03-5926-3180（出版）　03-3956-1611（代表）
　　　　　　https://www.rodo.co.jp　　pub@rodo.co.jp

表　　紙　　尾﨑　篤史
印　　刷　　株式会社ビーワイエス

ISBN 978-4-89761-955-2

落丁・乱丁はお取替えいたします。
本書の一部あるいは全部について著作者から文書による承諾を得ずに無断で転載・複写・複製することは、著
作権法上での例外を除き禁じられています。